電車を見よう！電車に乗ろう！

首都圏版

棚澤明子●著

プレジデント社

はじめに

　いまから10年と少し前のこと。
「でんしゃ！　でんしゃ！」と言い始めた長男の手をひいて、
「さて、どこからなら、安全に、気兼ねなく、のんびりと電車を見られるのかしら？」と
あちこち歩きまわる日々が始まりました。
そうこうするうちに生まれた次男も「でんしゃ！　でんしゃ！」と言いはじめ、
気付いたら、すっかり私まで「でんしゃ！　でんしゃ！」と言い出す始末。
足でまわってリストアップした電車ウオッチングポイントが50カ所を超えたところで、
出版社に持っていったら、なんと本にしてもらえることになりました。
それが、2009年に発売された『子鉄＆ママ鉄の電車ウオッチングガイド（東京版）』（枻出版社）です。
その後、2011年に続編『子鉄＆ママ鉄の電車お出かけガイド（関東版）』（枻出版社）が出版され、
2012年からは、読売新聞（都内版）にて、連載「ママ鉄の電車ウオッチ」がスタートしました。
この連載は、うれしいことに4年半たった現在も続いています。
最初は「え、女性なのに、ママなのに、鉄道が好きなの!?」と好奇の目で見られたものですが、
いまでは"ママ鉄"という言葉もすっかり市民権を得たようで、うれしいかぎりです。

　今回は、過去に出版した2冊のガイドブックの中から厳選した内容に、
読売新聞でご紹介した数々の新スポットを織り交ぜ、最新版として1冊にまとめました。
毎度恒例の「トイレは？」「授乳室は？」「ベビーカーでも行ける？」という
ママ目線での情報も満載、安心して使っていただけるガイドブックになるよう、
工夫を凝らしました。

　見に行くもよし、乗りに行くもよし、作ってみるもよし。
子鉄くんと一緒に、いや、ときには子鉄くんを追い抜くほどの勢いで、
奥深き鉄の道を極めていただければ幸いです。

棚澤明子

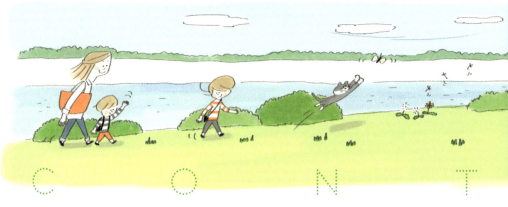

Chapter 1
公園から電車を見よう!

1 【王子】飛鳥山公園............10
2 【蒲田】タイヤ公園（西六郷公園）............12
3 【田町】本芝公園............14
4 【品川】港南緑水公園............16
5 【浅草】隅田公園............18
6 【東十条】清水坂公園............20
7 【豊洲】豊洲公園............22
8 【南砂町】南砂線路公園............24
9 【井の頭公園】井の頭恩賜公園............26
10 【市ヶ谷】外濠公園............28
11 【大森】入新井西公園............30
12 【大井競馬場前】大井ふ頭中央海浜公園............32
13 【下神明】タコ公園／しながわ中央公園............34
14 【東武練馬】電車の見える公園............36
15 【代々木八幡】上原児童遊園地............38
16 【つつじヶ丘】西つつじヶ丘児童遊園............40
17 【舎人公園】舎人公園............42
18 【五反田】五反田ふれあい水辺広場／
大崎光の滝公園............44
19 【中目黒】目黒銀座児童遊園／合流点遊び場............46
●column 1
スタイリッシュなJR東日本の新幹線たち............48

Chapter 2
跨線橋から電車を見よう!

20 【日暮里】下御隠殿橋............52
21 【品川】八ッ山橋／品川第1踏切............54
22 【池袋】池袋人道パークブリッジ／池袋大橋............56
23 【上野】両大師橋............58
24 【御茶ノ水】聖橋／お茶の水橋............60
●column 2 電車ケーキ!　電車弁当!　電車寿司!...62

Chapter 3
河川敷で電車を見よう!

25 【沼部】多摩川河川敷（多摩川丸子橋緑地）............66
26 【北千住】荒川河川敷............68
27 【二子玉川】多摩川河川敷（兵庫島公園）............70
●column 3
子鉄くんへの読み聞かせなら、この15冊!............72

Chapter 4
車両基地で電車を見よう!

28 【大井競馬場前】大井車両基地／
東京貨物ターミナル駅............76
29 【田端】田端運転所／尾久車両センター............78
30 【三鷹】三鷹車両センター............80
31 【豊田】豊田車両センター............82
32 【東大和市】玉川上水車両基地............84
33 【西馬込】馬込車両検修場............86
●column 4 牛乳パックでE7系新幹線を作ろう!............88

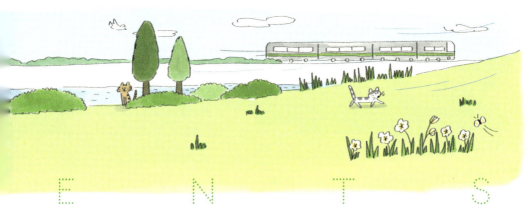

Chapter 5
ショッピングセンターから電車を見よう!

- 34 【押上】東京スカイツリータウン® 92
- 35 【渋谷】渋谷ヒカリエ 94
- 36 【新宿】タカシマヤ タイムズスクエア（イーストデッキ） 96
- 37 【東京】屋上庭園「KITTEガーデン」 98
- 38 【有楽町】東京国際フォーラム 100
- 39 【恵比寿】恵比寿ガーデンプレイス 102
- 40 【秋葉原】秋葉原UDX（アキバイチ） 104
- 41 【永福町】屋上庭園「ふくにわ」 106
- ●column 5 「電車好きの子どもは賢くなる?」 108

Chapter 6
レストランから電車を見よう!

- 42 【有楽町】コルティフォーノ東京（有楽町イトシア内） 112
- 43 【飯田橋】カナルカフェ 114
- 44 【新宿】カフェタバサ（新宿髙島屋内） 116
- 45 【東京】葡萄の社　互談や（東京ビルTOKIA内） 118
- 46 【新宿】ロマンスカーカフェ（小田急新宿駅構内） 120
- 47 【恵比寿】恵比寿 山半（恵比寿ガーデンプレイス内） 122
- 48 【秋葉原】N3331（マーチエキュート神田万世橋内） 124
- 49 【下高井戸】ピッツェリア トニーノ 126
- 50 【立川】カフェ・ド・クリエ（グランデュオ立川内） 128
- 51 【三ノ輪橋】珈琲館 130
- 52 【祐天寺】ナイアガラ 132
- ●column 6 鉄道博物館リスト 134

Chapter 7
電車に乗って日帰りの旅に出よう!

- 53 秩父鉄道に乗ろう! 138
- 54 成田空港に行こう! 140
- 55 碓氷峠鉄道文化むらに行こう! 142
- 56 わたらせ渓谷鐵道に乗ろう! 144
- 57 箱根に行こう! 146
- 58 富士急行線に乗ろう! 148
- 59 真岡鐵道に乗ろう! 150
- 60 いすみ鉄道＆小湊鐵道に乗ろう! 152
- 61 銚子電鉄に乗ろう! 154
- 62 湘南モノレール＆江ノ電に乗ろう! 156

☆本書の内容は、2016年7月時点のものです。お出かけの際は、インターネットなどで最新の情報をご確認ください。

☆ガイドページの写真は、一部をのぞき読売新聞連載時に掲載したものです。

☆電車ウオッチングの際は、お子さまの手を離さないよう、お気をつけください。また跨線橋からオモチャなどを落とさないよう、ご注意ください。

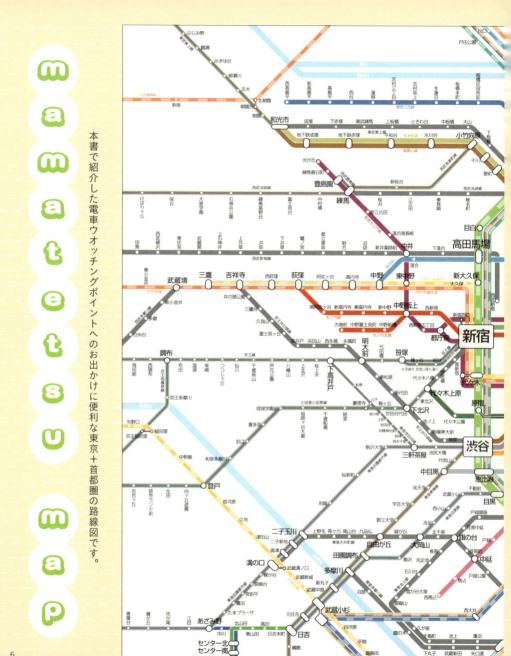

mamatetsu map

本書で紹介した電車ウオッチングポイントへのお出かけに便利な東京＋首都圏の路線図です。

Chapter 1 公園から電車を見よう!

→ 電車も大好き、公園も大好き。どっちも好きだから、選べない。
そんな子鉄くんと行くなら「電車の見える公園」がベスト。
電車に飽きたら遊具で遊び、遊具に飽きたら電車を眺める！
これなら、1日中ゴキゲンで過ごせそうです。

飛鳥山公園

View point ➡ 王子駅

ここから見える車両
- 東北・上越新幹線
- 京浜東北線
- 東北本線
- スペーシア
- 貨物列車
- 都電荒川線 など

DATA
- ☑ トイレ
- ☑ オムツ替えシートのあるトイレ
- ☑ ベンチ
- ☑ 売店
- ☑ 駅近

特等席から新幹線を眺めよう！
電車ウオッチングデビューにもぴったりの公園

　子どもが「でんしゃ、でんしゃ！」と言い始めたら、最初に連れて行ってあげたいのが、飛鳥山公園。ここから見える電車といえば、なんといっても東北・上越新幹線！　E7系かがやき、E6系こまちなど、みんな子鉄くんのヒーローですね。高架上を走るこれらの新幹線をじっくり見られる場所は非常に少ないこともあり、飛鳥山公園は都内屈指のビューポイントだと言えそうです。

　新幹線ウオッチングの特等席は公園内にある「飛鳥山さくら亭」脇のテラス。時期によっては少し木が茂りますが、目線と同じくらいの高さを新幹線が走るので子鉄くんは大興奮！　見下ろせば、京浜東北線や東北本線に交じって、スペーシアなどの特急列車が通過することも。

　公園内は大きな滑り台など遊具が充実しているほか、静態保存されている蒸気機関車D51や都電6080の中に入って遊ぶこともできます。すっかり時間を忘れてしまいそうですね。

　ちなみに、飛鳥山公園へ入るおすすめルートは3つ。ベビーカーの方は小さなモノレール「あすかパークレール」を利用しましょう（運行は10時～16時、無料。毎月第1木曜10時～12時は運行停止）。乗り場は、南北線・王子駅1番出口、京浜東北線・王子駅中央口、都電荒川線・王子駅前駅からすぐです。ベビーカーを卒業していれば京浜東北線・王子駅南口前の階段を上ってみてください。駅と公園をつなぐ跨線橋の下を電車が通り過ぎる様子は絶景です。都電荒川線ファンなら本郷通りへ。公園の前にある歩道橋からは、真下を走る都電荒川線を見ることができます。

　魅力たっぷりの飛鳥山公園、ぜひ歩き回ってお気に入りのスポットを見つけてくださいね。

▲JR王子駅南口から出て鉄橋を渡り、階段を上がると、軽食の「飛鳥山さくら亭」のそばに出る。新幹線を見るには、ここが一番のウオッチングポイント。

◀大きなお城のような滑り台が人気。園内には、オムツ替えのできるトイレや自動販売機もあり、安心してゆっくり過ごせそう。

ACCESS
住所●北区王子1-1-3
アクセス●京浜東北線ほか・王子駅／都電荒川線・飛鳥山停留場より下車すぐ

➡ 蒲田駅

タイヤ公園（西六郷公園）

ここから見える車両
▶東海道本線　▶京浜東北線
▶スーパービュー踊り子など

DATA
- ☑ トイレ
- ☐ オムツ替えシートのあるトイレ
- ☑ ベンチ
- ☐ 売店
- ☐ 駅近

3000本のタイヤでできた遊具に興奮！
ママ鉄からママ鉄へ、語り継がれてきた名所

　電車好きな子どもを持つママからママへ、代々語り継がれている電車ウオッチングポイントがいくつかあります。中でも、圧倒的に熱っぽく語られ続けているのが、このタイヤ公園でしょう。

　JR、東急・蒲田駅西口を出たら、線路に沿って川崎方面へ。公園までは徒歩15分ほどです。環状八号線の青い鉄橋をくぐり、小さな踏切を渡ったらもうひとがんばり。電車と並んで歩けるのだから、子鉄くんにとっては楽しいひとときですね。

　公園に到着すると、目の前に広がる膨大な数のタイヤに、大人も子どもも大興奮！　タイヤでできた怪獣の親子、タイヤのトンネル、タイヤのブランコ、どれをとってもタイヤ、タイヤ！　その数、なんと3000本というからびっくりです。大人も尻込みするような高さの滑り台にも、子どもたちは大喜び。電車に興味のない女の子も、小学校高学年のお兄ちゃんも、みんなが楽しめるのがこの公園の大きな魅力です。

　目の前を通るのは、東海道本線と京浜東北線。スーパービュー踊り子は子鉄くんに大人気ですね。本数が少ないので、時刻表をチェックしておきましょう。スーパービュー踊り子は、最後尾車両にカラフルな「こども室」があるのがポイント。ちらりと見えると、なんだかうれしくなりますね。滑り台のてっぺんに立って眺めるのもおすすめです。公園の向かいにある跨線橋にも上ってみましょう。運転士さんも、ここではよく手を振り返してくれる、というウワサです。

　大きな滑り台では洋服がすり切れることがあるので、やんちゃなお子さんは着替えを忘れずに。真夏になると、タイヤが熱を持つので遊べなくなってしまいます。季節を選んで足を運びましょう。

▲これが有名な親子怪獣。さまざまなタイヤを使って作られている。大人も見上げるようなサイズにびっくり。

◀滑り台の上は電車がよく見える特等席。特急が通る時間を前もって調べておいて、時間が近づいてきたら、ここに駆け上がろう。

ACCESS

住所●大田区西六郷1-6-1
アクセス●京浜東北線ほか・蒲田駅より徒歩15分

 → 田町駅

本芝公園

DATA
☑ トイレ
☑ オムツ替えシートのあるトイレ
☑ ベンチ
☐ 売店
☑ 駅近

ここから見える車両
▶東海道新幹線 ▶東海道本線 ▶京浜東北線
▶山手線 ▶常磐線 ▶東京モノレール ▶ひたち・ときわなど

→ 新幹線も特急もモノレールも楽しめる！
都心ならではの魅力がつまった公園

　100人の子鉄くんを対象にアンケートを行い、「好きな電車は？」とたずねると、第1位は、ダントツで新幹線でした。タカラトミーのプラレール車両でも、不動の一番人気は新幹線なのだとか。そんな子鉄くんたちにとって、新幹線がすぐそばを走り、遊具も充実している本芝公園は、まさに夢のような場所ですね。

　田町駅から公園に向かうには、芝浦口（東口）を出て右手へ進み、左側の階段へ。この階段からの眺めに子鉄くんはさっそくテンションアップ！　東海道新幹線、東海道本線、京浜東北線、山手線、常磐線という、たくさんの電車をここから一度に見下ろせます。常磐線の特急、ひたち・ときわも人気ですね。公園まで、5分ほどの道のりは線路に沿って歩けるので、小さな子鉄くんも張り切って歩いてくれそうです。モノレールの線路の下まで来たら、左手のトンネルをくぐりましょう。頭上はもちろん線路！　おなかの底に響くような轟音は、大人もこわくなってしまうほどの迫力です。トンネルを抜ければ、本芝公園に到着です。

　園内では船形の遊具が人気。遊具に上ると、すぐ脇を走り抜ける電車の風を感じることができます。遊具のまわりは大きな砂場になっているので、お砂場セット持参でお出かけするのがおすすめ。オムツ替えのできるトイレや木陰のベンチ、そして公園の東端を左手に曲がったところには小さなスーパーもあり、お弁当やパンを買うこともできます。安心して長居できそうですね。

　時間に余裕があったら、田町駅から線路に沿って品川駅方面に5分ほど歩いたところにある札の辻橋にも立ち寄ってみましょう。足の下を新幹線が走り抜けて行く迫力を味わえますよ。

▲人気の船形遊具と大きな砂場。ベンチの数が多いのもうれしい。近くに保育園があり、いつもたくさんの子どもたちで賑わっている。

◀田町駅の芝浦口（東口）を出て右へ進むと、左手の階段からはこの眺めが。ひっきりなしにやってくる新幹線に子鉄くん大喜び！

ACCESS

住所●港区芝4-15-1
アクセス●山手線ほか・田町駅より徒歩5分

→ 品川駅

港南緑水公園

ここから見える車両
▶ 東海道新幹線
▶ 東京モノレール

DATA
- ☑ トイレ
- ☑ オムツ替えシートのあるトイレ
- ☑ ベンチ
- ☐ 売店
- ☐ 駅近

かゆいところに手が届く！
子鉄＆ママ鉄のツボを押さえた公園

　電車大好き！　でもまだヨチヨチ歩き……。そんな子鉄くんと一緒にお出かけするのにふさわしい公園の条件といえば、まずは駅から歩いて行けること。トイレの設備が整っていること。そして願わくば、たくさんの遊具とベンチがあって、近くにスーパーもあること。もちろん、色々な電車が見えることは言うまでもありませんね。

　そんな理想の公園を探し求めていたところに見つけたのが、港南緑水公園です。品川駅港南口から東京湾方向へ進むこと、徒歩約10分。海岸通りの向こうに、楽しそうな光景が見えてきます。色とりどりの遊具、水しぶきのまぶしい噴水、とっても広い芝生広場！　近づくにつれて、胸が高鳴ります。

　公園の入り口で見上げると、東京モノレールが頭上をびゅんびゅん！　まるで、この公園のために作られたアトラクションのようです。京浜運河に面した公園の東端は、テーブルが並ぶ広々としたスペース。ここから正面に見えるのは、新幹線の引き込み線（回送）です。引き込み線とは、車両基地につながる線路のこと。この先にある大井車両基地を出入りする新幹線は、みんなこの線路を通るのです。ここでドクターイエローに会えたらラッキーですね！　通過する新幹線の本数は1時間に数本……と決して多くはないのですが、お弁当を広げてのんびり待つのも気持ちよさそうです。

　トイレにはオムツ替えシートも、子ども用便座も完備。親子でくつろげるベンチもたくさん。さらに公園入り口の両隣にはコンビニエンスストアとスーパーがあります。ロケーションといい、かゆいところに手の届く設備といい、子鉄＆ママ鉄のツボを完全に心得た公園ですね。拍手！

▲公園入り口の真上を通る東京モノレール。車内からは、きっとパラダイスのように見えていることでしょう。

◀引き込み線をゆっくりと走る東海道新幹線。お客さんを乗せて猛スピードで走っているときと違って、どことなくお休みモード。

ACCESS

住所●港区港南4-7-47
アクセス●山手線ほか・品川駅より、徒歩約10分

5  ➡ 浅草駅

隅田公園

ここから見える車両
▶ 東武スカイツリーライン
▶ スペーシア

DATA
☑ トイレ
☑ オムツ替えシートのあるトイレ
☑ ベンチ
☐ 売店
☑ 駅近

> スペーシアは全部で4色
> 遊んでいる間に、全部見られるかな？

　子鉄くんたちに絶大な人気を誇る特急スペーシア。私が息子たちを連れて毎日のように電車を見に出かけていた7〜8年前、スペーシアといえば白地にサニーコーラルオレンジのみでしたが、その後、東京スカイツリー開業に合わせて江戸紫の「雅」と淡いブルーの「粋」がデビュー。そして2015年には「日光詣スペーシア」という名称で黄金色も登場し、実にカラフルなラインナップになりました。

　さて、このスペーシアをじっくり見たい！と思ったら、隅田川をはさんで台東区と墨田区にまたがる隅田公園へ行ってみましょう。浅草駅を出て、吾妻橋を渡る手前で隅田公園に出ると、目の前にはキラキラと光るスカイツリーが！　そして、そのすぐ脇の鉄橋をスペーシアが悠々と渡って行きます。鉄橋の下は色とりどりの遊覧船が行ったり来たり。情緒あふれる隅田川を舞台に変貌を遂げる東京、とっても新鮮です。その風情を肌で感じながら、親子でのんびり歩きたいですね。隅田川西側の「タリーズコーヒー」のそばには休憩所があり、授乳室やオムツ替えのできるトイレなどが設置されているので、1日がかりでも安心してお出かけできそうです。せっかくなので、4色のスペーシア、すべて見て帰りたいですね！

　電車見物に飽きたら、言問橋西側の遊具広場へ。2014年にリニューアルしたこちらの公園には、クジラの形をした滑り台など楽しい遊具がたくさん。言問橋東側、小梅小学校そばの児童コーナーもおすすめです。どこで遊んでいても、スカイツリーと目が合うのがうれしいですね！　2月の梅まつり、3月の桜まつり、6月のアジサイロードなど、花にまつわるイベントもたくさん。訪れるたびに違う顔を見せてくれそうです。

▲江戸情緒あふれる浅草に、キラキラと光るスカイツリーとスタイリッシュな特急スペーシアは、なぜかぴったりマッチする。

◀橋を渡る電車に歓声をあげたり、行き来する遊覧船を珍しげに眺めたり、子鉄くんは大忙し。遊具も充実しているのがうれしい。

ACCESS

住所●台東区花川戸1-1、2-1、浅草7-1、墨田区向島1、2、5
アクセス●銀座線、東武スカイツリーライン、都営浅草線・浅草駅より徒歩5分

➡ 東十条駅

清水坂公園

| ここから見える車両 | ▶湘南新宿ライン ▶京浜東北線 ▶貨物列車 ▶埼京線 ▶りんかい線 など |

DATA
- ☑ トイレ
- ☑ オムツ替えシートのあるトイレ
- ☑ ベンチ
- ☐ 売店
- ☐ 駅近

> 駅から公園までの道のりは電車三昧
> 夏は水遊びも楽しめる！

「電車も大好きだけど、思う存分走り回りたい！」という元気な子鉄くんにおすすめなのは、清水坂公園です。東十条駅北口の改札を出たら左手へ。階段を下りて、線路に沿って北に直進します。清水坂公園までは徒歩15分ほど。高架を走る東北・上越新幹線は"背中"のあたりしか見えませんが、すぐそばを湘南新宿ラインや京浜東北線が走っているので子鉄くんは大興奮！　公園に辿り着くまでに、すっかり満足してしまうかもしれません。公園の東側には埼京線の線路が通っていて、公園の中からも埼京線とりんかい線の車両を見ることができます。一度に何種類もの電車を見られるのが、このエリアの楽しいところですね。

清水坂公園は、週末になると大勢の家族連れが遊びにくる賑やかな公園です。まず、目に飛び込んでくるのは、広大な芝生広場。斜面になっているので、走り回るのも、転げ回るのも楽しいですね。長さ52mもあるローラー滑り台は迫力満点！　スピードを上げてジグザグに滑り下りるのは、ダイナミックで病みつきになりそうです。そして、5月〜9月のお楽しみは、なんといっても水遊び。渓流をイメージしたという全長150mの緩やかな坂を、毎分約5tもの水（滅菌処理水）が流れているのだとか。園内にある「自然ふれあい情報館」には、北区内で見られる昆虫や植物などが展示・飼育されています。併設の自然観察園には、トンボやカエル、野鳥の姿も。自然と触れ合える講習会も頻繁に開催されているので、ぜひ情報をチェックして参加してみましょう。

電車に始まり、遊具も水遊びも小さな生き物も、すべて満喫できて思い出に残る1日になりそうですね。

▲水遊びは5月1日～7月10日は土曜・日曜・祝日のみ、7月16日～9月22日は毎日10時～16時(第2、4水曜は清掃日)。「自然ふれあい情報館」は月曜休館。

◀東十条駅から清水坂公園に向かう歩道から見られる電車。手前には湘南新宿ライン、奥には京浜東北線が走っている。運がよければ貨物列車が通ることも。

ACCESS

住所●北区十条仲原4-2-1
アクセス●京浜東北線・東十条駅より徒歩約15分

→ 豊洲駅

豊洲公園

ここから見える車両 ▶ ゆりかもめ

DATA
☑ トイレ
☑ オムツ替えシートのあるトイレ
☑ ベンチ
☐ 売店
☑ 駅近

ゆりかもめで運転士さん気分
浅草に向かう水上バス「ヒミコ」も楽しもう！

　自動運転で走るゆりかもめには運転士さんがいないので、一番前に座ればまさに運転士さん気分！　これだけでも子鉄くんにはビッグイベントですね。このゆりかもめに乗ってお出かけするなら、豊洲駅そばの豊洲公園がおすすめ。

　豊洲公園は、きれいに整備された都会的な公園です。遊具は、小さなお子さんが遊べるものから小学生が楽しめるものまで、幅広いのがうれしいところ。夏は、オムツを卒業した幼児から小学校低学年の子どもたちまでが遊べるじゃぶじゃぶ池もオープンしています。ぜひ水着持参でお出かけください。木陰が少ないので、日差しの強い日はママの日焼け対策もお忘れなく。

　公園のすぐ上を走るのは、もちろんゆりかもめ！　一番前に、どんなかわいい運転士さんが座っているかな？　手を振ってみてくださいね。園内には、ベンチやオムツ替えのできるトイレもあり、小さな子連れでも安心。すぐそばには「ららぽーと豊洲」があり、ママがゆっくりとショッピングを楽しめるのも魅力的です。

　公園で存分に遊んだら、「ららぽーと豊洲」の前から乗船できる水上バス「ヒミコ」で、浅草まで足を延ばしてみましょう。『銀河鉄道999』の作者・松本零士氏がデザインした「ヒミコ」は、大人もびっくりのかっこよさ。40分ほど水上の旅を楽しむと、浅草駅そばの隅田公園沿いに到着します。そこは、東武鉄道が行き交う鉄橋のすぐそば！　オレンジ、水色、紫、ゴールド、と4パターンの車両がかっこいいスペーシアに会えたらラッキーですね。

　近未来的な雰囲気の漂う豊洲から、江戸情緒の残る浅草へ。東京が持つ表情の豊かさに驚かされるお散歩コース、ぜひ家族みんなで楽しんでください。

▲じゃぶじゃぶ池は7月1日〜9月の第2日曜までオープン。(2016年度は9月4日まで) 毎週月曜休み (祝日の場合は翌日)。無料。詳細は江東区のHPにて。
https://www.city.koto.lg.jp/seikatsu/douro/7476/7483.html

◀「ヒミコ」のチケットは「ららぽーと豊洲」前の船着き場で購入できる。詳細は、東京都観光汽船HPにて。http://www.suijobus.co.jp

ACCESS

住所●江東区豊洲2-3-6
アクセス●ゆりかもめ、有楽町線・豊洲駅より徒歩3分

➡ 南砂町駅

南砂線路公園

ここから見える車両 ▶ 貨物列車

DATA
☑ トイレ
☐ オムツ替えシートのあるトイレ
☑ ベンチ
☐ 売店
☐ 駅近

> 通過する本数は少ないけれど、
> レアなディーゼル機関車は一見の価値あり！

　貨物列車ファンの私が大好きな公園が、こちらの南砂線路公園。通過する列車の本数が少ないのが少し残念ですが、間近で見るディーゼル機関車DE10は迫力満点！ぜひ訪れていただきたい場所のひとつです。

　東西線・南砂町駅で下車したら、丸八通りを北に直進。亀高橋交差点を左折し、線路にぶつかったところが南砂線路公園です。徒歩20分ほどかかりますが、憧れの貨物列車を目指してがんばって歩きましょう！

　公園は、すぐ横を通るJR越中島支線に沿った細長い形をしています。園内の看板には、越中島貨物駅と新小岩操駅の間を1日3往復するディーゼル機関車を見ることができると書いてありました（日曜は除く）。3往復ということは、目の前を計6回通過することになりますが、JR貨物時刻表に明記されているのは、このうちの1往復、12時10分〜22分の間と13時42分〜55分の2回のみ。貴重な機会を見逃すと残念なので、少し早めに足を運ぶことをおすすめします。日頃見ることの少ないディーゼル機関車DE10が目の前を通り過ぎる様子、ぜひ堪能してください！

　園内にある下り坂の小道は、仙台堀川公園へと続いています。仙台堀川公園は、全長3.7kmに及ぶ自然豊かな親水公園。釣堀や川遊びのできる親水施設、遊具やベンチもあるので、のんびりと過ごせそうです。

　また、南砂線路公園から線路沿いに北へ10分ほど歩いたところには、ショッピングセンター「アリオ北砂」も。フードコートやベビーグッズショップなどが充実しているので、小さなお子さんと一緒でもランチやショッピングも楽しめそうです。電車ウオッチングだけでなく、盛りだくさんな1日になりそうですね。

▲12時20分に南砂線路公園の脇を通過するDE10。線路沿いの高いフェンスや、自転車専用道路など、園内は安全にも配慮されている。

◀仙台堀川公園内の「萩」と名付けられた橋のそばには、アスレチック風の遊具も。トイレも複数設置されている。

ACCESS

住所●江東区南砂2-32
アクセス●東西線・南砂町駅より徒歩約20分

井の頭恩賜公園

➡ 井の頭公園駅

ここから見える車両 ▶ 井の頭線

DATA
- ☑ トイレ
- ☑ オムツ替えシートのあるトイレ
- ☑ ベンチ
- ☑ 売店
- ☑ 駅近

> 高架の真下から見上げる電車の迫力に
> 子鉄くん、おおはしゃぎ！

　春はお花見、秋は紅葉。四季折々の草花を楽しみながら、ついでに電車も眺められたら最高です。いや、電車がメインでお花見や紅葉がついででしょうか？　いずれにせよ、電車ウオッチングを兼ねたお散歩にぴったりなのが井の頭恩賜公園です。

　電車が目的なら、吉祥寺駅ではなく、井の頭線・井の頭公園駅で電車を降りましょう。目の前にある入り口から井の頭恩賜公園に入ると、すぐに井の頭線の高架があります。この高架は、少し低いのが特徴。真下から見上げると、轟音とともに走り去っていく電車の車輪はすぐ目の前！　大興奮の子鉄くん、いつまでも線路の下で跳びはねていそうですね。ブルー、グリーン、ピンク、オレンジ……と、井の頭線はとてもカラフル。お気に入りの色が来るのを待つのも楽しいひとときです。

　電車を十分に楽しんだら、公園の一角にある井の頭自然文化園に足を運んでみてはいかがでしょう。動物園（本園）では、サル山のほかに、モルモットと触れ合えたり、リスを間近に観察できたりするコーナーが人気。小さな遊園地も賑わっています。井の頭池にぽっかり浮かぶような形の水生物園（分園）では、魚類、両生類、水生植物など、淡水にすむ生き物たちを見ることもできます（午前9時半〜午後5時、月曜定休、月曜が祝日の場合は翌日が休み）。

　園内には遊具がたくさんあるのはもちろん、週末になると、さまざまなイベントが開催されていたり、手作り作品を販売するアートマーケッツが出店されていたり……と、楽しいことがたくさん。白鳥形のボートに乗ってみるのもいいですね。恋人同士で乗ると別れが……という都市伝説も有名ですが、親子なら安心して乗れそうです！

▶公園の尻尾にあたる部分を井の頭線が横切っている。高架の低さにびっくり！　このあたりには鴨の泳ぐ川や、遊具のある駅下公園も。

▼ボートは、オールでこぐローボート、足でこぐサイクルボート、白鳥形のボートの3種類。子どもたちに人気なのは、もちろん白鳥形のボート！

ACCESS

住所●武蔵野市御殿山1-18-31
アクセス●井の頭線・井の頭公園駅より徒歩1分

10 veiw point → 市ヶ谷駅

外濠公園

ここから見える車両
- 中央線
- 総武線
- あずさ・かいじなど

DATA
☑ トイレ
☐ オムツ替えシートのあるトイレ
☑ ベンチ
☐ 売店
☑ 駅近

> 桜の名所として有名だけれど、
> 子鉄＆ママ鉄にとっては、電車見物の名所！

　外濠公園とは、四ツ谷駅から飯田橋駅にかけて約2kmにわたって細長く延びる遊歩道のこと。鉄道ファン以外の間では桜の名所として名高い公園であり、ここから鉄道を眺めようとは想像だにしないかもしれません。

　スタートは市ヶ谷駅のすぐ脇にある遊具のあるエリアから。ブランコや滑り台などがあるので、まずはここでテンションを上げていきましょう。とはいえ、この遊具、ちょうど市ヶ谷駅のホームを見下ろす位置にあるので、電車が大好きな子鉄くんなら、フェンスに張り付いて遊具には見向きもしないかもしれませんね。

　気が済むまで遊んだら、飯田橋駅方面へ向けて出発です。オレンジラインの中央線、黄色ラインの中央・総武緩行線、そして時々やってくる特急あずさ・かいじなど、たくさんの電車を見下ろしながら歩けるのでご機嫌です。ちなみに、人気の特急スーパーあずさは、新宿駅発着なので、この公園からは見られません。子鉄くんがショックを受けないよう、前もって伝えておく方がよさそうですね（笑）。一番の電車ウオッチングポイントは、新見附橋の手前あたり。木立が途切れているので、振り返れば市ヶ谷駅までのカーブがきれいに見渡せます。公園内にはベンチやテーブル、トイレもあるので、安心してお散歩できそうですね。

　牛込橋まで来たら、ゴールの飯田橋駅はすぐ目の前。最後に、外濠公園の対岸にあるカフェレストラン「カナルカフェ」（P114参照）に寄り道していくのはいかがでしょう。屋外のテーブル席は、子連れでも気兼ねなく過ごせる上、電車もばっちり見えるのでおすすめです。長い距離を歩き切ったお子さんを、たくさんほめてあげてくださいね！

▲新見附橋付近から見下ろす線路。早く特急が来ないかな、などとおしゃべりしながら歩く2kmはあっという間！

◀市ヶ谷駅そばの公園。この付近にはテイクアウトのできる飲食店やコンビニエンスストアがあるので、おやつを調達して行くのに便利。

ACCESS

住所●千代田区富士見2–五番町
アクセス●中央線、総武線ほか・四ツ谷駅、市ヶ谷駅、飯田橋駅より各徒歩2〜5分

11 view point ➡ 大森駅

入新井西公園

ここから見える車両
▶東海道本線　▶京浜東北線　▶スーパービュー踊り子など
▶SL（半動態保存）

DATA	
☑	トイレ
☐	オムツ替えシートのあるトイレ
☑	ベンチ
☐	売店
☑	駅近

半動態保存されているSLと現役の特急列車がすれ違う!?

　新幹線と並んで、根強い人気を誇る蒸気機関車（SL）。秩父鉄道のパレオエクスプレスや上越線のSLみなかみなど、東京から日帰りで乗りに行けるSLはいくつかありますが、大森駅近くには、"動くSL"を見られる公園、入新井西公園があります！

　この公園に保存されているSLは「C57 66号機」。このSLが面白いのは、「半動態状態」で保存されていること。つまり、実際に走りはしないけれど、車輪が回る様子が見られるのです。決まった時間が来ると、まずはポーッと汽笛が1回。これは大人でも飛び上がるような大音量！　続いて、大動輪がゆっくりと回り始めます。目の前で見る大動輪の動きはとても興味深く、思わず目を奪われてしまいそう。動いているのは5分ほどですが、その間は係員の方がそばにいてくれるので安心です。運転室の中に入ってあちこち触れるのも、子鉄くんにとっては魅力的ですね。

　公園のすぐ脇を走るのは、京浜東北線と東海道本線。特急踊り子やスーパービュー踊り子も走り抜けて行きます。かつて活躍したSLと21世紀を走る列車が、まるですれ違うように見える一瞬。ちらりと視線を交わし合っているのでしょうか。想像がふくらみますね。ちなみに、線路が一番よく見えるのはSLの運転室脇。この特等席に陣取ることができれば、子鉄くんはご機嫌ですね。

　こちらの公園のもうひとつの魅力は、三輪車や自転車、豆自動車（足こぎ自動車）などの貸し出しがあること。遊具や砂場をぐるりと囲む周回コースで乗ることができます。補助なし自転車の練習をするにもうってつけですね。SLに自転車にと、大満足の1日になりそうです。

▲車輪が動くのは平日11時、15時、土曜11時、14時、15時、日曜・祝日10時、11時、14時、15時。汽笛はとても大きな音なので、耳をふさいで待ち構えて！

▲自転車、三輪車、豆自動車などを無料で利用できる乗りものコース（利用は9時～16時。雨天は閉鎖）。園内には、消防車の展示も。

ACCESS

住所●大田区大森北4-27-3
アクセス●京浜東北線・大森駅より徒歩約5分

12 veiw point ⇒ 大井競馬場前駅

大井ふ頭中央海浜公園・なぎさの森

ここから見える車両 ▶ 東京モノレール

DATA
☑ トイレ
☐ オムツ替えシートのあるトイレ
☑ ベンチ
☐ 売店
☑ 駅近

→ **モノレールを眺めながら、釣りもバーベキューも楽しめる！**

電車だけでなく、虫も魚も鳥もみんな大好き！ という子鉄くん、たくさんいますね。そんな子鉄くんにおすすめしたいのは、東京のど真ん中にいるとは思えないほど自然を満喫しながら電車を眺められるスポット、大井ふ頭中央海浜公園・なぎさの森です。

ここで楽しめるのは、東京モノレール。子鉄くんたちは、空にぽっかりと浮かんでいるような、その乗り心地が大好きです。公園最寄りの大井競馬場前駅まで、ぜひ東京モノレールで出かけてみましょう。

園内でモノレールがよく見えるのは、「しおじ磯」と「夕やけなぎさ」です。大井競馬場前駅をひっきりなしに出入りする様子が、京浜運河をはさんで真正面に見えます。ただし、水辺には日差しを遮るものがないので、夏場は近くのあずま屋でときどき休憩をとりましょう。水際の岩場は危ないので、小さなお子さんはしっかり手をつないでくださいね。

こちらの公園には木々が生い茂り、たくさんの昆虫や野鳥たちの姿を見ることができるのも、もうひとつの魅力。園内の自然について学べる「なぎさの森管理舎」には、ぜひ立ち寄ってみてください。バードウオッチングのできる望遠鏡や、園内の植物を使った工作コーナーなどもありますよ。自然をテーマにしたワークショップも頻繁に開催されているので、日程を調べて遊びに行くのもいいですね。「しおじ磯」と「夕やけなぎさ」の干潟保全地区以外では、釣りを楽しむことができます。「はぜつき磯」付近では、バーベキューをしている家族連れの姿もたくさん。モノレールに昆虫観察、魚釣りにバーベキュー、そして家族の笑顔！ 楽しい思い出がまたひとつ増えそうですね。

▲京浜運河越しに眺める東京モノレール。運河には時々スピードを上げたジェットスキーが通り過ぎることも。

◀園内のさまざまな情報を得られる「なぎさの森管理舎」。利用は9時〜16時半。(お問い合わせは03-3790-2378 大井スポーツセンターまで)

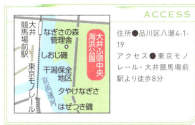

ACCESS

住所●品川区八潮4-1-19
アクセス●東京モノレール・大井競馬場前駅より徒歩8分

13  ➡ 下神明駅

タコ公園（神明児童遊園）／しながわ中央公園

DATA
☑ トイレ
☑ オムツ替えシートのあるトイレ
☑ ベンチ
☐ 売店
☑ 駅近

ここから見える車両
▶東海道新幹線　▶湘南新宿ライン　▶横須賀線
▶成田エクスプレス　▶東急大井町線

真っ赤なタコの親子と新幹線のコラボが斬新！

　"知る人ぞ知る、タコと新幹線がコラボする公園がある！"というウワサを聞きつけて、向かったのは大井町線下神明駅。改札を出ると、目の前には大きくて真っ赤なタコの親子！　タコ形滑り台が目印の通称「タコ公園」こと、神明児童遊園です。

　親ダコ側には東海道新幹線や成田エクスプレスなど子鉄くん憧れのヒーローたちが、子ダコ側には大井町線がよく見えます。小さな公園ですが、ベンチが並び、目の前にはコンビニエンスストアもあるので、安心して長居できそう。駅のすぐそばなので、ヨチヨチ歩きの小さな子鉄くんとのお出かけにもぴったりです。

　このタコ形滑り台、実はなかなか歴史があるもので、最初に公園に現れたのは1968年のこと。2007年の公園移転に伴い、初代親ダコは老朽化のため取り壊されましたが、その直前には、地元の人たちが集まってお別れ会が開かれたほど。いかにタコが愛されているか、よくわかるエピソードですね。

　余裕があれば、大井町線の高架をくぐって5分ほどの、しながわ中央公園へも足を延ばしてみましょう。おすすめは、園内の北側にあるトリム広場。この広場のすぐ脇を湘南新宿ラインなどが走っています。水遊びのできる人工の小川や遊具があるので、遊びながら楽しく電車を見られますね。少し遠くには東海道新幹線の姿もばっちり。敷地内から安全に踏切を見ることもできるので、子鉄くんたちは大満足です。公園管理事務所近くにはオムツ替えのできるトイレや自動販売機も完備。屋根のついた休憩スペースもあるので、お弁当を持ってのんびりお出かけするのもいいですね。梅雨時や真夏にもおすすめです。

▶親ダコ側は、高架の上を新幹線が、下の線路を在来線が走っている。子ダコに上がれば、大井町線に手が届きそう!

▼ジョギングコースやテニスコートなどスポーツ施設も充実しているしながわ中央公園。子どもたちに人気があるのは、小さなロープウエイ!

ACCESS

住所●品川区二葉1-4-25（タコ公園）
品川区西品川1-27-14（しながわ中央公園）

アクセス●大井町線・下神明駅下車すぐ（タコ公園）、徒歩5分（しながわ中央公園）

14 veiw point → 東武練馬駅

電車の見える公園

ここから見える車両 ▶ 東武東上線

DATA
☑ トイレ
☑ オムツ替えシートのあるトイレ
☑ ベンチ
☐ 売店
☐ 駅近

> 子鉄＆ママ鉄のために作られた、
> その名もずばり"電車の見える公園"

　その名を聞いただけで、行ってみる価値がありそうな気がしてくるのが、練馬区にある電車の見える公園。東武東上線・東武練馬駅から、線路に沿って上板橋駅方面に向かって歩くこと約10分。南口から出た場合はそのまま線路沿いに、北口から出た場合は「板橋練馬ふれあい歩道橋」を渡れば到着です。

　もう、名前がすべてを物語っていますね！公園の前を通るのは東武東上線のみですが、本数が多いので子鉄くんたちの満足度は高いはず。カンカンカン……という踏切の音もよく聞こえるので、踏切ファンの子鉄くんも大喜びです。

　園内には滑り台などの遊具のほか、柵で囲われた2つの砂場、起伏のある広い芝生、自由に遊べる広場などもあり、毎日たくさんの親子で賑わっています。トイレにオムツ替えシートがあるなど、配慮が行き届いているのもうれしいところ。

　線路をまたぐ「板橋練馬ふれあい歩道橋」に上れば、行き交う電車を見下ろすこともできます。足の下を電車が走り抜けて行くときは、大人も思わず歓声をあげてしまいそう！　手すりによじ登ったり、フェンスの間からモノを落としたりしないよう、気をつけて安全に楽しんでくださいね。

　余裕があれば、東武練馬駅前の「イオン板橋ショッピングセンター」に立ち寄るのもおすすめです。こちらの3階は子どものためのフロア。ベビー用品からおもちゃまで、子どもの必需品がそろっています。赤ちゃん休憩室にはミルク用のお湯も完備。3階にはフードコートも入っているので、ゆっくり食事もできそうです。ヨチヨチ歩きの子鉄くんの電車ウオッチングデビューにもぴったりなお出かけコースですね。

▲駅からは徒歩10分ちょっと……と、少し距離がありますが、電車を見ながら歩けるので小さな子鉄くんもがんばって歩けるはず！

◀公園脇の「板橋練馬ふれあい歩道橋」から見下ろす電車は迫力満点。歩道橋にはスロープもついているので、ベビーカーでも安心。

ACCESS

住所●練馬区北町1-38
アクセス●東武東上線・東武練馬駅より徒歩約10分

15 view point → 代々木八幡駅

上原児童遊園地

ここから見える車両
- 小田急線
- 千代田線
- ロマンスカー

DATA
- ☑ トイレ
- ☐ オムツ替えシートのあるトイレ
- ☑ ベンチ
- ☐ 売店
- ☑ 駅近

> 人気の小田急ロマンスカーを
> 横からも上からも堪能できる！

　子鉄くんの間で、人気の特急列車として必ず名前のあがる小田急ロマンスカー。「ロマンスカーの中でどれが好き？」という話題も、子鉄＆ママ鉄の間では頻繁に出てきますね！

　代々木八幡駅南口を出て、右手の高架をくぐるとすぐに見えてくる上原児童遊園地は、まさにそのロマンスカーが間近に見える公園です。メタリックな青いボディが輝くMSE、白地にオレンジのラインがスマートなVSE、シックなブロンズ色が大人っぽいEXE、1963年にデビューしたNSEを継承して多くのファンを魅了しているLSE。色とりどりのロマンスカーたちがすべてこの公園の脇を走り抜けるなんて、想像しただけでわくわくします。こぢんまりとした雰囲気の園内には、小さな滑り台と砂場があります。汽車の形のベンチも、子鉄心をくすぐりますね。

　うれしいことに、公園のすぐ脇は跨線橋になっています。ここに上ると、行き交う小田急線に交じって、この跨線橋の下で地下にもぐる千代田線の姿を見ることもできます。フェンスの目が細かくて安全な上、子どもの目線の高さのあたりにすき間があるので、電車を見せるために抱っこをしなくて済むのがありがたいですね。

　通りをはさんで、元気な声が聞こえてくるのは富谷小学校。小学校の南側にまわると、親子で遊べる富谷子育て支援センター（渋谷区在住の方のみ利用可）や富ヶ谷図書館が。いつも親子の姿が絶えず、安心して遊びに行けるのも魅力のひとつですね。

　大好きなロマンスカーに興奮して、子鉄くんたちはきっと「帰りたくない」と駄々をこねるに違いありません。駅前の商店街でおやつをたっぷり調達して、長丁場を覚悟でお出かけください。

▲フェンスのすぐ脇を電車が走る上原児童遊園地。公園内にはトイレと自動販売機がある。駅前は商店街なので、買い物もできて便利。

◀小田急線と千代田線がひっきりなしに行き交う様子を見下ろせる跨線橋。写真左端は、子鉄くんに人気のロマンスカーEXE。

ACCESS

住所●渋谷区上原1-45-3
アクセス●小田急線・代々木八幡駅より徒歩5分

16 view point → つつじヶ丘駅

西つつじヶ丘児童遊園

ここから見える車両 ▶ 京王線

DATA
☑ トイレ
☐ オムツ替えシートのあるトイレ
☑ ベンチ
☐ 売店
☐ 駅近

> 京王線を眺めながら、のんびり遊ぼう
> 線路の下をくぐるトンネルも楽しい！

　派手さはないけれど、電車が見えて、遊具があって、気兼ねなくのんびり遊べる素朴な公園は、実はとっても貴重な場所。調布市にある西つつじヶ丘児童遊園は、まさにそんな公園です。

　つつじヶ丘駅北口改札を出たら左へ。線路に沿って進み、つきあたりの「西つつじヶ丘駅西第一自転車駐車場」の看板を右へ折れて、2本目の小道を入りましょう。右手に見えてくるのが西つつじヶ丘児童遊園です。駅からは10分ほどかかりますが、道のりの半分は電車と並んで歩けるので子鉄くんも張り切ってくれそうですね。

　公園からは、畑をはさんで目の前に京王線が見えます。視界をさえぎるものがないので、心ゆくまで眺められるのがうれしいところ。公園のすぐ脇には、線路の下をくぐる小さなトンネルが。電車の通過中に見上げると、線路の隙間から車輪が見えるので迫力満点！　その轟音に小さな子鉄くんはびっくりしてしまうかもしれませんね。京王線は7000系、8000系、9000系の3種類。どれも赤と青のラインが入っていますが、それぞれほんの少しデザインが違います。前もって調べておいて、じっくり観察するのも楽しいですね。

　園内には滑り台やブランコ、ぶらさがって遊べるロープやタイヤの跳び箱など、楽しい遊具がたくさん。芝生のスペースが広々としているのも魅力のひとつです。トイレやベンチ、水道もあるので、安心して長居できそうですね。

　公園から徒歩5分ほど、甲州街道付近には「つつじヶ丘児童館」があります（調布市西つつじヶ丘3-19-1）。9時から17時まで自由に遊ぶことができるので、遊び足りなければ、こちらでたっぷり遊んでから帰るのもよさそうです。

Chapter 1　公園から電車を見よう！

▲タイヤの跳び箱は子どもたちに大人気。ほかにローラー滑り台やブランコ、鉄棒なども。大きな桜の木があるので、春はお花見も兼ねてお出かけしたい。

◀大人の身長ぎりぎりの小さなトンネルの真上を京王線が走っている。轟音の下、ここから電車を見上げるのは、ちょっとした肝試しのよう!?

ACCESS

住所●調布市西つつじヶ丘3-3
アクセス●京王線・つつじヶ丘駅より徒歩約10分

→ 舎人公園駅

舎人公園

ここから見える車両 ▶ 日暮里・舎人ライナー

DATA
☑ トイレ
☑ オムツ替えシートのあるトイレ
☑ ベンチ
☑ 売店
☑ 駅近

舎人ライナーが真ん中を走る公園でソリ遊びもバーベキューも楽しもう！

　家族みんなで、丸1日かけて大きな公園で遊びたい！　そんなときにおすすめなのは、日暮里・舎人ライナーの線路をはさんで東西に広がる舎人公園です。舎人ライナー・舎人公園駅で下車すれば、どこからでも電車が見えるのがいいですね。

　電車ウオッチングにぴったりなのは、陸上競技場のそばにある公園の東西をつなぐ陸橋周辺。舎人ライナーは本数も多いので、飽きずに眺めることができますよ。3本ある線路のうち、地下に潜ってゆく真ん中の線路は、なんと車両基地につながっているとのこと。見ることはできないけれど、地面の下に車両基地が広がっているのかと思うと、わくわくしますね。

　ちなみに、舎人ライナーは2008年に開業した新しい路線で、ゆりかもめや、ニューシャトル（埼玉県）、シーサイドライン（神奈川県）などと同じ「新交通システム」です。2015年秋には1編成のみ、新型車両（330形）が走り始めたとか。ばったり会えたらラッキーですね。ぜひ、どんな顔をしているのかチェックしてから出かけてみてください。

　電車を心ゆくまで眺めたら、公園の東側に行ってみましょう。小学生以下の元気なお子さんにおすすめなのは、ソリゲレンデ（10時〜16時）。ソリをレンタルして、人工芝のゲレンデを滑り降りるのはスリル満点！いくらでも遊べそうです。夏になれば、じゃぶじゃぶ池（小学生以下）で遊ぶのもお楽しみのひとつ。ヨチヨチ歩きのお子さん向けの遊具もたくさんありますよ。大きな池のまわりの芝生エリアは、お弁当を楽しむにもぴったり。バーベキューのできる広場（要予約）もあるので、1日がかりで遊び尽くしたいですね。

▲公園の真ん中を走る舎人ライナー。公園東側のエリアには軽食などを販売する「夕日の丘の売店」があり、売店前のテーブルで食事ができる。(月曜定休)

◀公園の東端にある幼児公園。小さな子どもたちが楽しめる遊具がそろっており、毎日大勢の親子でにぎわっている。

ACCESS

住所●足立区舎人公園1-1
アクセス●日暮里・舎人ライナー・舎人公園駅下車すぐ

18 veiw point → 五反田駅

五反田ふれあい水辺広場／大崎光の滝公園

DATA
☐ トイレ
☐ オムツ替えシートのあるトイレ
☑ ベンチ
☐ 売店
☐ 駅近

ここから見える車両
▶山手線　▶湘南新宿ライン　▶埼京線　▶りんかい線
▶池上線　▶成田エクスプレス　▶貨物列車

> 東京都心のオアシスで
> 電車を眺めながらリラックス！

　東京都心にありながら、ほっと息を抜けるオアシスのような場所のひとつが、目黒川のほとり。子鉄くんが電車を楽しんでいる間に、のんびりと川面を眺めてリラックスできれば一石二鳥ですね。

　五反田駅を出て、目黒川にぶつかったら左手へ。子鉄くんであれば、目的の五反田ふれあい水辺広場に向かっている間に気付くと思いますが、JR線と池上線の間にある歩道橋（ふれあいK字橋）も素敵な電車ウオッチングポイント。両方の線路を近距離から同時に見られるので、左右きょろきょろと大忙しです。

　その先のトンネルをひとつくぐり抜けたところにある広々とした遊歩道が五反田ふれあい水辺広場。歩いてきた方向を振り返ると、目黒川を渡る線路が上下に2本見えます。下は山手線、湘南新宿ライン、埼京線、りんかい線などがひっきりなしに通るJRの線路。ときどき成田エクスプレスや貨物列車が通過するのも、子鉄くんにとってはたまらない魅力ですね。上は池上線の線路です。こちらの一番人気は、レトロなグリーンがかわいらしい7000系でしょうか。「次はどちらの線路に何が来るかな」「両方同時に来たらうれしいな」とわくわくしながら待つ時間も楽しいものです。敷地内にある地域貢献施設「さくらてらす五反田」には、カジュアルなレストランが併設されているので、ランチタイムをはさんでお出かけするのもいいですね。

　少し下流にある山本橋を渡ると、対岸には大崎光の滝公園があります。池上線は見えませんが、すぐ脇をJR線が通るので迫力は満点。シーソーや滑り台などの遊具があるので、小さなお子さんも飽きずに遊べそうです。

▲階段に腰掛けて、2本の線路を同時に眺められる五反田ふれあい水辺公園。時間がゆっくり流れていくように感じられる。

◀きらきらと光輝く噴水が目印の、大崎光の滝公園。ヨチヨチ歩きの子どもたちでも楽しめそうな遊具も。

ACCESS

住所●品川区東五反田2-9（五反田ふれあい水辺広場）／品川区大崎1-1（大崎光の滝公園）

アクセス●山手線、浅草線、池上線・五反田駅より徒歩約10分

19 veiw point ➡ 中目黒駅

目黒銀座児童遊園／合流点遊び場

DATA
☑ トイレ
☑ オムツ替えシートのあるトイレ
☑ ベンチ
☐ 売店
☑ 駅近

ここから見える車両　▶東横線　▶みなとみらい線　▶有楽町線　▶副都心線　▶東武東上線　▶西武線など

> ### 流行発信地・中目黒で電車もカフェもショッピングも！

　電車ウオッチングポイントといえば、大きなターミナル駅の周辺や、繁華街から離れた車両基地などに足を運ぶことが多くなりますが、たまにはおしゃれなエリアで電車を見るのもいいですね。

　中目黒駅南改札から徒歩3分ほどのところにあるのは、目黒銀座児童遊園。地図を見れば一目瞭然、すぐ脇に何本もの線路が走っています。東横線、みなとみらい線、有楽町線、副都心線、東武東上線、西武線など、何種類もの車両を1ヶ所で見られるのがこの公園の魅力。ぜひお子さんと一緒に地図を眺めて、テンションを上げてから行ってみましょう。滑り台やシーソーなどの遊具のほか、オムツ替えのできるトイレやベンチもあるので安心して長居できそうです。

　もうひとつおすすめしたいのは、目黒川と蛇崩川の合流地点にある合流点遊び場。目黒銀座児童遊園から見ると山手通りをはさんで東側にあります。中目黒駅を出入りする電車を真横から見ることができますよ。遊具はないけれど広々とした砂地なので、走り回るのが大好きな子鉄くんなら十分に楽しめそうですね。

　公園遊びに飽きたら、線路に沿って鎗ヶ崎交差点まで歩いてみましょう。交差点付近では、フェンス越しに間近から電車を見ることができます。このあたりで代官山に向かう東横線はトンネルに入り、恵比寿に向かう日比谷線は地下に入ります。立体感のある場所なので、見ていても飽きません。

　中目黒といえば、流行発信地のひとつ。中目黒駅から鎗ヶ崎交差点に向かう間、そして鎗ヶ崎交差点付近にも洋服や雑貨のお店、カフェなどがたくさん。電車ウオッチングのついでにママもショッピングを楽しめれば理想的ですね。

▲アスレチック風の滑り台、ブランコ、シーソー、砂場など遊具も充実している目黒銀座児童遊園。ここから鎗ヶ崎交差点に向かう道のりも楽しい。

◀合流点遊び場から眺める中目黒駅。こちらの遊び場には遊具はないけれど、"広い"というだけでテンションの上がる子鉄くんにはおすすめ。

ACCESS

住所●目黒区上目黒2-14-9(目黒銀座児童遊園)／目黒区上目黒1-24先(合流点遊び場)
アクセス●東横線ほか・中目黒駅より徒歩約3分(目黒銀座児童遊園)、徒歩約5分(合流点遊び場)

＼ママも夢中！／
スタイリッシュなJR東日本の新幹線たち

現在走っているJR東日本の新幹線6種類は、どれもカラフルでスタイリッシュ。ちょっとした知識があれば、新幹線ウオッチングはもっと楽しくなります！

写真提供：JR東日本

E7系

2015年3月14日の北陸新幹線金沢開通に向けて開発されたE7系。「かがやき」などに使われている。背中の鮮やかな空色とカッパー（銅色）のラインが醸し出す洗練された雰囲気は、気安く近寄るのをためらってしまうほど。デザイン監修はフェラーリのデザイナー・奥山清行氏。

E6系

びっくりするほど鮮やかな赤が印象的なE6系は、「こまち」などに使われている。このカラーリングは、竿燈まつりの提灯やなまはげなど、秋田の文化からイメージしたものだそう。新幹線区間の最高速度は320km/h。こちらも、奥山清行氏がデザインを監修している。

48

子鉄&ママ鉄
COLUMN

E5系

「はやぶさ」として子どもたちに人気のE5系。スピード感あふれるシンボルマークは、鳥のハヤブサのモチーフ。ボディ上部の明るいグリーンは「ときわグリーン」、ボディ下部は「飛雲ホワイト」、その間の帯は「つつじピンク」と呼ばれている。320km/hで走る勇姿は、まさにハヤブサそのもの。

E3系

「つばさ」などに使われるE3系。注目したいのは、2014年に登場した2000番台L64編成の新塗装車両。深い紫色にオレンジ色のラインは、とってもスタイリッシュ。700番台の"走る現代アートの美術館"「GENBI SHINKANSEN（現美新幹線）」、福島〜新庄間を走る臨時列車「とれいゆ つばさ」も魅力的。

E4系

「MAXとき」「MAXたにがわ」として上越新幹線で運用されるE4系は全車両2階建て。かつて頻繁に見かけた青地に黄色い帯のカラーリングは、2014年から朱鷺色と呼ばれるピンク色の帯に変更されている。今後、この2階建て新幹線は廃止の方向に向かうとか。残念！

E2系

「はやて」などに使われるE2系。高崎〜軽井沢間で約30kmに渡って続く急勾配をぐんぐんと登る、強力なパワーを秘めた力持ち。N編成とJ編成があり、N編成は赤い帯にそよ風のマーク、J編成はピンクの帯にりんごのマークがついている。

49

Chapter 2 跨線橋から電車を見よう!

→ 自分の足のすぐ下を、轟音を響かせて電車が走り抜けていく。一瞬ふわりと体が浮くような感覚は、ほかではなかなか味わえないもの。跨線橋から電車を見おろす楽しみは、一度知ってしまうと、病みつきになるかもしれません。

20 veiw point ⇒ 日暮里駅

下御隠殿橋

DATA
☑ トイレ
☐ オムツ替えシートのあるトイレ
☐ ベンチ
☑ 駅近

ここから見える車両
- 東北・上越新幹線
- 山手線
- 京浜東北線
- 常磐線
- 東海道本線
- ひたち・ときわ
- あかぎ
- 草津
- 貨物列車
- 京成電鉄
- 京成スカイライナー

> 足の下は14本の線路！
> "トレインミュージアム"の異名に納得！

　跨線橋から電車を眺める醍醐味は、なんといっても電車が足の下を走り抜けていくときのゾクゾク感。その迫力には大人も歓声をあげてしまいそう。日頃はよく見えないパンタグラフを見下ろせるのも、面白さのひとつです。

　そんな跨線橋から電車を眺めたいと思ったら、日暮里駅北改札を出たところにある下御隠殿橋がベスト。ここは本格的な鉄道マニアから子鉄＆ママ鉄まで、鉄道を愛するすべての人にとって王道中の王道といってもよいウオッチングポイントです。橋の下の線路はなんと14本！　子鉄くんたちが大好きな東北・上越新幹線をはじめ、山手線、京浜東北線、東海道本線、常磐線がひっきりなしに走っています。特急ひたち・ときわ、あかぎ、草津、そして時には貨物列車も通るので、目が離せません。右手を見上げると京成スカイライナーもばっちり。「トレインミュージアム」という異名を誇るのもうなずけますね。当日は、お目当ての電車の通過時刻を調べていきましょう。貴重な1本を見逃して泣かれてしまっては、せっかくのお出かけも台なしです。

　跨線橋の上は車も通りますが、ガードレールで車道と歩道が分かれているので安心です。橋の一部が外側にせり出しているため、電車を眺めていても歩行者の邪魔にならないのも、いいですね。駅のそばなので、トイレや売店を利用できるのも子連れには助かります。

　跨線橋からの眺めを満喫したら、線路脇東側のファミリーレストランで電車を見ながらひと休みするのが黄金ルート。窓際席の目の前を京成スカイライナーが走っています。親子ともども、鉄魂もおなかも満たされて、幸せなひとときですね。

▲この眺めに興奮しない子鉄くんはいない! 新幹線もまだスピードを上げていないので、大好きな連結部分をじっくり眺められるのがうれしい。

◀欄干部分には、ここを通る列車のレリーフが。すでに引退した列車もあり、ママ世代は懐かしい思い出話で盛り上がりそう。

ACCESS

住所●荒川区西日暮里2
アクセス●山手線ほか・日暮里駅北改札よりすぐ

21 veiw point → 品川駅

八ツ山橋／品川第1踏切

DATA
☑ トイレ
☑ オムツ替えシートのあるトイレ
☑ ベンチ
☑ 駅近

ここから見える車両
- ▶山手線 ▶京浜東北線 ▶東海道本線 ▶横須賀線
- ▶成田エクスプレス ▶スーパービュー踊り子など（八ツ山橋）
- ▶京浜急行 ▶京成電鉄 ▶北総鉄道 ▶都営浅草線（品川第1踏切）

子鉄くんの愛する"跨線橋"と"踏切"を一度に堪能するならココ

　電車の宝庫・品川。ここで電車を眺めるなら、品川駅から南へ徒歩5分ほどの八ツ山橋がおすすめ。「もっともっと」が口癖の子鉄くんも、たくさんの電車に満足すること間違いありません。

　八ツ山橋まで行ったら、まずは跨線橋から線路を見下ろしてみましょう。足元を走り抜けるのは山手線、京浜東北線、東海道本線、横須賀線。子鉄くんのヒーロー・成田エクスプレスやスーパービュー踊り子もやってきます。とくにラッシュの時間帯はひっきりなしで、見ているだけで目がまわりそう！品川区によると、この八ツ山橋は1872年に架けられた日本初の跨線橋なのだとか。当時は木造で、現在の橋は1985年に架け替えられた4代目とのこと。欄干のデザインがおしゃれなので、ぜひ注目を！

　すぐそばの品川第1踏切も素晴らしいウオッチングポイント。12本の遮断機が上下する様子は圧巻です。通過するのは、京浜急行、京成電鉄、北総鉄道、都営浅草線の車両。注目したいのは、京浜急行の青い電車「ブルースカイトレイン」でしょうか。ちなみに、私は"ママ鉄"として、「踏切付近で電車を見るのは危険！」と言い続けてきましたが、この踏切のそばには広い空間があるので安心です。まるで電車を眺めるために作られたかのような屋根付きのベンチ、オムツ替えのできるトイレも近くにあるので、とことん電車を眺める覚悟で腰を据えるしかなさそうですね。

　こちらの八ツ山橋からは東海道新幹線が見づらいので、東海道新幹線を見たいときは、田町駅と品川駅の間にある札の辻橋へ行ってみましょう。そこから本芝公園（P14参照）に足を延ばすのも楽しいお散歩ルートです。

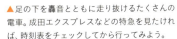

▲足の下を轟音とともに走り抜けるたくさんの電車。成田エクスプレスなどの特急を見たければ、時刻表をチェックしてから行ってみよう。

◀鉄橋を渡ってやってくる京浜急行。ひっきりなしに鳴る「カンカンカン……」という音に子鉄くん大喜び！

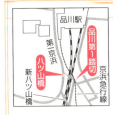

ACCESS

住所●品川区北品川1
アクセス●山手線ほか・品川駅より徒歩約5分、京浜急行・北品川駅より徒歩約3分

22 View point → 池袋駅

池袋人道パークブリッジ／池袋大橋

DATA
- ☑ トイレ
- ☐ オムツ替えシートのあるトイレ
- ☐ ベンチ
- ☐ 駅近

ここから見える車両
▶山手線 ▶湘南新宿ライン ▶埼京線 ▶りんかい線 ▶東武東上線 ▶スペーシア ▶成田エクスプレスなど

> **フクザツに入り組む線路にたくさんの車両 ここは鉄道ラビリンス!?**

　たくさんの電車がびゅんびゅんと足の下を走り抜けて行く池袋人道パークブリッジと池袋大橋。その光景は「圧巻！」のひとこと。想像以上の迫力に、子鉄くんたちは目を白黒させそうですね。

　子連れで行くなら、池袋駅東口からのルートがおすすめ。パルコを通り過ぎたら左折、パルコ別館の前を通って、池袋駅前公園へ出ましょう。遊具はありませんが、トイレとコンビニエンスストアがあるので、なにかと便利です。公園を過ぎると「池袋人道パークブリッジ」と書かれたスロープがあるので、こちらを上りましょう。池袋駅北口側から行くとスロープがないので、とくにベビーカーの方は東口からのルートがおすすめです。

　池袋人道パークブリッジの下を通るのは、山手線、湘南新宿ライン、特急スペーシアです。ここから階段を上がったところにある跨線橋が池袋大橋。この下を通るのは、埼京線、りんかい線、東武東上線、成田エクスプレスです。池袋大橋から眺めていると、池袋駅からやってくる山手線や湘南新宿ラインは、一度地下にすっと姿を消して、池袋人道パークブリッジの下から顔を出します。逆に、足の下の線路は空っぽなのに、少し先からひょっこり顔を出した電車が池袋駅に向かって行くこともあります。不思議な仕組みに、大人もつい夢中になってしまいそう。

　池袋大橋は車が通りますが、歩道が広く、ガードレールもしっかりとしているので安全です。跨線橋の上から電車を見るときは、おもちゃなどを落とさないように気をつけてくださいね。

　余裕があれば、東武百貨店7階の「鐵道模型堂 池袋東武店」に立ち寄ってみるのもおすすめ。子ども向けの電車グッズも調達できますよ！

▲池袋大橋の下を走り抜ける成田エクスプレス。運転士さんの顔が見えそうな距離感に子鉄くんたち、テンションマックス！

◀跨線橋のうち、下段は池袋人道パークブリッジ、上段は池袋大橋。池袋人道パークブリッジから見下ろすと、電車との距離が近い！

ACCESS

住所●豊島区池袋1〜東池袋1
アクセス●山手線ほか・池袋駅より徒歩約10分

23 両大師橋

→ 上野駅

DATA
- ☑ トイレ
- ☐ オムツ替えシートのあるトイレ
- ☐ ベンチ
- ☑ 駅近

ここから見える車両
▶山手線 ▶京浜東北線 ▶常磐線 ▶高崎線
▶宇都宮線 ▶ひたち・ときわなど

E657系ひたち・ときわは眼光鋭い常磐線のヒーロー！

2015年3月、JRの上野東京ラインが開通しました。当時、子鉄くんたちの間では「新しい電車が走り始めたの!? かっこいいの!? 何色なの!?」という質問が飛び交いましたが、これは新しい電車の名前ではありませんね。これまで上野駅発着だった常磐線がその先の東京駅、品川駅まで延び、宇都宮線、高崎線が東海道線と相互直通運転をはじめたのです。つまり、長らく分断されていた東京駅と上野駅がつながったということですね。そんなわけで、盛り上がりを見せる上野駅。上野動物園をはじめ、見所は数え切れないほどありますが、子鉄くんと一緒なら上野駅の北側にある両大師橋は欠かせません。

公園口を出て右手へ歩くと、両大師橋までは5分ほど。足の下は、線路、線路！　びっしりと並ぶ線路を、たくさんの電車が行き来しています。常磐線、高崎線、宇都宮線、山手線、京浜東北線など、その種類は数え切れないほど。残念ながら"上野東京ライン"という新型車両は存在しませんが、常磐線のヒーロー、眼光鋭いE657系は、右ページの写真のように右端の線路に並んでひと休みしていることが多い様子。以前は常磐線の人気モノといえば、E651系のスーパーひたちでしたが、現在はこのE657系ひたち・ときわが、その座に輝いています。私はといえば、上野駅に行くといまだに5色のフレッシュひたちを探してしまい、そのたびに鉄道業界の進歩のスピードを痛感することになります（笑）。

ちなみに、東北・上越新幹線と京成スカイライナーはここからは見えません。見たければ、2駅となりの日暮里駅前にある下御隠殿橋（P52参照）に寄ってから帰りましょう。いずれも日差しをさえぎるものがないので真夏は帽子を忘れずに。

▲びっしりと並ぶ線路には、大人も目がくらみそう！ 写真右端に並んでいるのはE657系ひたち・ときわ。つり上がった目がかっこいい！

◀車は通るけれど、ガードレールがあるので安全。歩道の中でも、外に張り出した部分にいれば通行人の邪魔にならない。橋の西側にトイレあり。

ACCESS

住所●台東区上野公園
〜上野7
アクセス●山手線ほか・
上野駅より徒歩約5分

24 veiw point → 御茶ノ水駅

聖橋／お茶の水橋

| ここから
見える車両 | ▶中央線　▶総武線　▶丸ノ内線
▶あずさ・かいじ |

DATA
- ☐ トイレ
- ☐ オムツ替えシートのあるトイレ
- ☐ ベンチ
- ☑ 駅近

> オレンジ、黄色、赤
> 3色そろうまで待ってみる？

　暑くても、寒くても、子連れでのお出かけは大変なもの。駅から近い、というだけでストレスはずっと少なくなりますね。御茶ノ水駅からすぐそばの聖橋とお茶の水橋は、たくさんの電車が見えるだけでなく、駅から近いということでも高ポイントです。

　御茶ノ水駅聖橋口を出たら、聖橋はすぐそこ。橋の上から秋葉原方面を眺めると、3本の線路は目の前です。1本は御茶ノ水駅から神田駅に向かって延びるオレンジ色の中央快速線、もう1本は少し遠くに見える緑色の松住町架道橋を通る黄色い中央・総武緩行線、そしてもう1本はちらりと地上に顔を出す赤い丸ノ内線。この3色が同時にやってきたらラッキー！　時々、特急あずさ・かいじが通過するのも見逃せません（スーパーあずさは通らないので要注意！）。

　聖橋はその美しさで有名ですが、欄干が大人の胸の高さまであり、隙間がないので、小さなお子さんは背伸びをしても電車が見えないかもしれません。抱っこが大変なら、御茶ノ水駅をはさんで反対側にあるお茶の水橋へ。交差する3本の線路は見えませんが、御茶ノ水駅を行き来する電車と、美しい聖橋の全容を眺めることができます。

　御茶ノ水まで来たら、「御茶ノ水ソラシティ」に立ち寄ってみるのもいいですね。建物の入り口手前左側の階段を上ったところにある展望テラスは、絶好の電車ウオッチングポイント。先ほどまで見下ろしていた電車を横から眺めることができます。飲食店の並ぶソラシティプラザB1は、オープンスペースになっているので、子連れでも気兼ねなく食事ができそう。帰る前にちょっとひと息、親子で鉄道について語り合うのもいいですね。

▲聖橋からの眺め。丸ノ内線、中央線、総武線がそろった奇跡的(?)な瞬間。この光景を見られたら、親子で達成感に浸れそう。

◀「御茶ノ水ソラシティ」の展望テラスからも電車がよく見える。座れるようになっているので、ここでひと休みするのもよさそう。

ACCESS

住所●千代田区神田駿河台〜文京区湯島
アクセス●中央線、総武線、丸ノ内線・御茶ノ水駅よりすぐ

ママ鉄's キッチン
電車ケーキ！電車弁当！電車寿司！

男性の鉄道ファンが絶対にやらないこと。
そしてママ鉄なら、一度は手を出してしまうこと。
それは、電車をモチーフにしたお料理です。
電車のキャラ弁あり、電車のバースデーケーキあり、
電車のお寿司あり、もうなんでもありの世界です。

▲2歳のお誕生日に作ったドクターイエローのオムライス。壁のデコレーションも手作り。デザイナーご夫婦のセンスがキラリと光っています（佐々木奈津子さん）

◀「ヒマだから作ってみた」とのことですが、ひと目見てド胆を抜かれました！ ひとつひとつのケーキは電車型で焼いたマドレーヌだそう（下元朋子さん）

▶（左）ひと目で分かる江ノ電です！ 鮮やかな緑はお弁当用シート（キューピー ※現在は製造中止）を使用。野菜や卵の色なので、安心して使えるのだとか。完成度高い！（吉田たかさん）

▶（右）「京急のデト11-12形をマシュマロフォンダンで作りました」とのこと。デト11-12形とは、資材運搬用の事業用電動無蓋貨車。マニアックすぎて感動です（吉田たかさん）

子鉄&ママ鉄
COLUMN

▶東急5000系！ びっくりするようなクオリティですが、それもそのはず、作ったのは『今日からできる！ 飾り寿司レシピ』（枻出版社）の著者さんです（こまゆさん）

▼こちらも、こまゆさん作の飾り巻き寿司。著書のレシピ集には電車をはじめ、さまざまな飾り巻き寿司の作り方が載っています。みなさま、レッツトライ！（こまゆさん）

▲ボディを海苔、車輪をキュウリで作ったSL形お寿司。煙はポップコーンに針金を入れて作ってあるのだとか。アイデア勝負です！ パパの大江真人さん作（大江友子さん）

▲おなじみパーシーがロールケーキになりました。オモチャと並べてみれば、そっくり！ 子どもたちの表情がすべてを物語っていますね！（大江友子さん）

▲昔なつかしい旧型の成田エクスプレス。真っ赤なボディは「カニかま」を広げて使っています。なるほど、これなら着色料を使わず鮮やかな赤が出ますね（佐野明子さん）

◀小田急ロマンスカーVSEとMSEが仲良く並んだ夢のようなお弁当！ MSEの青はキャラ弁作りの必需品「デコふり」（はごろもフーズ）を使ったもの（庄司由紀さん）

◀F6系新幹線こまち。赤は「デコふり」で着色。海苔をほそーく切ってリアルにドアを作っているところに、愛と情熱が垣間見えます！（庄司由紀さん）

▲これはかわいい！ 焼きおにぎりの山に、海苔で作った線路。人参で作った小さな電車がゴトゴトと登っていきます。オレンジだから中央線だとか！（佐野明子さん）

63

Chapter 3

河川敷で電車を見よう!

→ 青々とした芝生が広がる河川敷に架かる長い鉄橋。ゴトンゴトンと渡っていく電車を、親子でごろんと寝転んで見上げるひとときは、最高によい気分。大好物をたくさん詰め込んだお弁当とおやつも忘れずに！

>>>>> view points @ RIVER SIDE

25 veiw point → 沼部駅

多摩川河川敷
(多摩川丸子橋緑地)

DATA	
☑	トイレ
☐	オムツ替えシートのあるトイレ
☑	ベンチ
☐	売店
☑	駅近

ここから見える車両
▶東海道新幹線 ▶湘南新宿ライン ▶横須賀線
▶成田エクスプレス ▶東横線 ▶目黒線 ▶みなとみらい線
▶三田線 ▶南北線 ▶埼玉高速鉄道 ▶有楽町線

→ **新幹線と成田エクスプレスを芝生に寝転んで眺めるゼイタク！**

　電車を見に、河川敷へ行ったことはありますか？　ぜひ、お子さんと一緒に青々とした芝生に寝転んで、さわやかな風に吹かれながら電車を見上げてみてください。小さなことなんか「まあ、いいか」と思えてくるので不思議です。

　さて、電車の宝庫といえば、多摩川河川敷。多摩川に架かるいくつもの鉄橋を、たくさんの種類の電車が行き来しています。そんな多摩川河川敷ですが、東海道新幹線が走っているのは、ここでご紹介する多摩川線・沼部駅そばの鉄橋だけ。この鉄橋を成田エクスプレス、湘南新宿ライン、横須賀線も通過します。新幹線と成田エクスプレスのすれ違いなんて、大人もつい歓声をあげてしまいそうですね！

　上流側に目を向けると、水色の丸子橋の向こうに東横線と目黒線の走る鉄橋が見えます。この2つの路線に乗り入れているのは、みなとみらい線、三田線、南北線、埼玉高速鉄道、有楽町線の車両。これは見応え十分ですね！　通勤電車ファンは、こちらに目が釘付けになりそうです。

　うれしいのは、2つの鉄橋の間に遊具のある広場があること。ブランコに揺られながら、右に左にキョロキョロしながら電車を眺めるのは、子鉄くんにとって何よりのゼイタクかもしれません。芝生エリアも広々としていてレジャーシートを広げるのにぴったり。ベンチもたくさんあるので、のんびりくつろげそうです。

　ただし、この河川敷には、直射日光や風雨を遮るものがありません。天候に不安のある日は避けましょう。また沼部駅付近には子連れで入れそうな飲食店がないので、お弁当持参がおすすめ。大好物をたくさん詰めこんで、ピクニック気分でお出かけしたいですね。

▶東海道新幹線がすぐそばを走る。河川敷は、サイクリングコースになっているので、小さなお子さんからは目を離さないようにしましょう。

▼ブランコや太鼓橋、砂場など、小さな子どもたちが楽しめる遊具もたくさんある。週末は家族連れで大賑わい。

ACCESS

住所●大田区田園調布本町
アクセス●多摩線・沼部駅より徒歩約3分

67

荒川河川敷

veiw point → 北千住駅

DATA
☑ トイレ
☐ オムツ替えシートのあるトイレ
☑ ベンチ
☐ 売店
☐ 駅近

ここから見える車両
- 東武スカイツリーライン
- 千代田線
- 常磐線
- 日比谷線
- 半蔵門線
- 田園都市線
- つくばエクスプレス
- スペーシア
- ひたち・ときわなど

> 4本の鉄橋を渡る電車は何種類？
> 芝生に寝転んで数えてみよう

西が多摩川河川敷なら、東は荒川河川敷。芝生の清々しさは同じですが、見える電車はがらりと変わります。

北千住駅から荒川河川敷に出ると、まず目につくのは広々とした芝生と4本の鉄橋！子鉄くんでなくとも、この光景には息をのんでしまいます。鉄橋を通過するのは、東武スカイツリーライン、千代田線、常磐線、日比谷線、半蔵門線、田園都市線、つくばエクスプレスなどの車両。まるで電車の見本市ですね。この中でスター選手の筆頭といえば、ひたち・ときわやスペーシアなどの特急列車でしょうか。見逃したくなければ、ぜひ時刻表をチェックして行ってみましょう。都心ではなかなかウオッチングポイントの少ないつくばエクスプレスをじっくり見られるのもうれしいですね。赤い眉毛のりりしいTX-2000系車両が来ると、個人的には「おっ！」と思いますが、皆さんの好みはいかがでしょう？

4本の鉄橋を眺めるには、四季折々の花が美しい「虹の広場」周辺がおすすめ。トイレやベンチがあるので安心して長居できそうです。周辺の芝生エリアで、のんびりとお弁当を広げてもいいですね。サイクリングコースでは、ひっきりなしに自転車が走っているので、小さなお子さんの手を離さず、芝生エリアから電車を眺めましょう。いったい何種類の車両が走っているのか、ぜひお子さんと一緒に数えてみてください。電車図鑑を持って行って見比べるのも、まるで野鳥観察のようで面白いですよ。

北千住駅前のルミネとマルイの屋上からは、北千住駅を出入りする電車や、遠く荒川までを眺めることができます。河川敷まで行く余裕がないときは、こちらから楽しむのもいいですね。

▲4本の鉄橋をひっきりなしに電車が渡っていく様子は、圧巻のひとこと。車両の種類も多いので、次は何が来るかな、と予想するのも楽しい。

◀土手に上がって鉄橋の脇ぎりぎりまで行ってみると、電車を間近で見ることができる。ここが一番の特等席かも!?

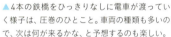

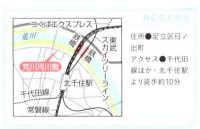

ACCESS

住所●足立区日ノ出町
アクセス●千代田線ほか・北千住駅より徒歩約10分

27 veiw point ➡ 二子玉川駅

多摩川河川敷（兵庫島公園）

ここから見える車両
- 田園都市線
- 大井町線
- 半蔵門線
- 東武伊勢崎線

DATA
- ☑ トイレ
- ☐ オムツ替えシートのあるトイレ
- ☑ ベンチ
- ☑ 売店
- ☑ 駅近

電車ウオッチングを楽しんだら、昔の玉電を見に行こう！

　真夏や真冬、梅雨時などは難しい河川敷での電車ウオッチング。春先や秋口など、お天気に恵まれる日があったら、ぜひお出かけしてみましょう。二子玉川駅から近い多摩川河川敷は、「二子玉川ライズ」や「玉川高島屋」でのショッピングやランチも兼ねて、楽しい1日を過ごせそうです。

　二子玉川駅を出て徒歩5分。兵庫橋を渡ると、目の前はゆったり流れる多摩川と青々とした芝生！　その清々しい眺めには、大人も思わず歓声をあげて駆け出したくなります。すぐそばに架かる鉄橋を通るのは田園都市線と大井町線。半蔵門線と東武伊勢崎線の車両も乗り入れているので、たくさんの車両を同時に見られるのがうれしいですね。中でも人気なのは、赤と緑のラインが入った東急5000系や、都会的なフォルムがおしゃれな東急6000系。派手な特急列車は通らないけれど、ラインの色など細かな違いで車両を見分けられれば、小さな電車博士は満足顔。むしろ知識欲が刺激されるようです。

　電車ウオッチングだけでは物足りない元気な子鉄くんなら、水遊びを。青く塗られた鉄橋（厚木街道）の下あたりに流れる小川は、絶好の水遊びスペース。子どもの足首の深さなので、安心して遊ばせることができます。

　まだまだ物足りなかったら、ちょっと足を延ばして「玉電と郷土の歴史館」まで行ってみましょう。かつて「大勝庵」というお蕎麦屋さんだった小さな歴史館には、昔この界隈を走っていた玉電にまつわるお宝がたくさん。中でも、15年前まで現役で走っていたという玉電70形の運転席は、子鉄くんの目を輝かせること間違いなし。館長の大塚勝利さんが、いつでも温かく迎えてくださいますよ。

▲兵庫橋から右手に少し進むと、兵庫島公園の一角に軽食を買える売店「玉川屋」(冬季は閉店)とトイレがある。

◀「玉電と郷土の歴史館」の館長・大塚勝利さん。開館は火曜・木曜・土曜・日曜(不定休)、10時〜15時。入場無料。

ACCESS

住所●世田谷区玉川3-2(兵庫島公園)　世田谷区玉川3-38-6(玉電と郷土の歴史館)
アクセス●田園都市線、大井町線・二子玉川駅より徒歩約5分(兵庫島公園)、徒歩約10分(玉電と郷土の歴史館)

> ママ鉄・タナザワが独断で選ぶ電車絵本

子鉄くんへの読み聞かせなら、この15冊！

電車が登場する絵本は、数え切れないくらいたくさんあります。
車両の絵がリアルだったり、ストーリーがファンタスティックだったり、
その魅力はさまざま。もちろん、好みも人それぞれ。
「これだ！」というものを選ぶのは難しいのですが、独断と偏見で選んでみました！

がたんごとん がたんごとん
作・安西水丸／福音館書店

これは鉄板ですね。「がたんごとん」という音と「のせてくださーい」というひとことの繰り返しが、こんなに子どもの心に響くなんて……と感動した1冊。0歳児から楽しめます。

れんけつガッチャン
作・絵 こぐれけいすけ／学研教育出版

子どもって、どうしてこんなに「連結」が好きなんでしょう？
という謎は解けませんが、どんどん連結していく動物たちの電車を見ていると、なぜか大人もテンションが上がります！

せんろはつづく
文 竹下文子　絵 鈴木まもる／金の星社

主役は電車ではなく線路。線路をつなげて、橋を作って、踏切を作って、最後に汽車が通る！　主人公と一緒にその過程をひとつひとつ体験していくことに、胸の高鳴りを感じます。

しゅっぱつしんこう！
作 三田村信行　絵 柿本幸造／小峰書店

ゆたかくんが夜目覚めると、おもちゃの電車がない。「あれ？」と捜しに行くと、そのおもちゃはホンモノの電車になっていて、ゆたかくんは運転士に！個人的に大好きな絵本です。

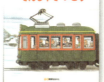

でんしゃでいこう でんしゃでかえろう
作・絵 間瀬なおかた／ひさかたチャイルド

前から読めば海の駅へ向かう電車。後ろから読めば山の駅へ帰る電車。「デデドドデデドド」「デデンゴゴー」と音を響かせて走る電車に、子どもたちの「もう1回！」コールが止まりません。

カンカンカン でんしゃがくるよ
文・絵 津田光郎／新日本出版社

「カンカンカン」の繰り返しって、どうしてこんなに子ども心を躍らせるのでしょう。踏切が大好きな子鉄くんなら、絶対に気に入ってくれる1冊。我が家では数百回読みました！

子鉄&ママ鉄 COLUMN

でんしゃえほん
作・絵 井上洋介／ビリケン出版

表紙からしてド胆を抜かれます！ 穴からひょっこりと出てくる電車、車輪が人間の足になっている電車、愉快な電車に子どもたちのイマジネーションも無限に広がっていきます。

かもつれっしゃのワムくん
文 関根栄一 絵 横溝英一／小峰書店

これはヘンなお話です。ひとことでいえばシュールです。ほんわかした絵本とは一線を画した、ちょっと不気味な世界観。それでもなぜか私たち親子の間では、これがベストワンでした！

ブルートレインほくとせい
文 関根栄一 絵 横溝英一／小峰書店

「さっぽろまで16じかん。ぼくは、うまれてはじめての、ながいたびにでる」そんな主人公と一緒に旅をしているような気分に。ブルートレインに乗りたい、とせがまれたら困りますね。

しんかんせんでおいかけろ！
文・絵 横溝英一／小峰書店

2人旅をする予定だった、たつくんとお姉さん。でもたつくんだけを乗せてブルートレインが出発しちゃった！ お姉さんは新幹線で追いかけます。なんともスリル満点なストーリー！

きかんしゃやえもん
文 阿川弘之 絵 岡部冬彦／岩波書店

おんぼろ機関車のやえもん。みんなが新しい特急列車を求める時代に突入し、やえもんはポンコツ扱い……。古き良きものを大切にしよう、という大切なメッセージのこもった物語です。

しんかんくんうちにくる
作 のぶみ／あかね書房

なんと、新幹線が線路を飛び出して、主人公かんたろうくんに会いに来る！奇妙キテレツな物語なのに、大人もついつい感情移入してしまいます。のぶみワールドの魅力を堪能できる1冊です。

いちばんでんしゃのしゃしょうさん
文 たけむらせんじ 絵 おおともやすお／福音館書店

車掌さんに憧れていた息子に何度も読んだ絵本。前夜に泊まり込んで「自動起床装置」で起きる様子から、かばんの中味まで、車掌さんのすべてが詰まっています！ 運転士さん編もあり。

地下鉄のできるまで
作 加古里子／福音館書店

地面の下で行われる地下鉄工事。いったい何がどうなってるの？ という大人でも知りたい疑問に丁寧に答えてくれます。ページをめくるごとに進んでいく工事に、親子でわくわく！

新幹線と車両基地
作 モリナガ・ヨウ／あかね書房

N700系の秘密に迫るこの絵本、少し大きな子鉄くんなら興味津々で食いつくこと間違いなし！ 博多総合車両所の様子をパノラマで図解した観音開きのページは、いつまでも記憶に残りそう。

車両基地で電車を見よう！

➡ 子鉄くんの電車熱がいよいよ本格的になってきたら、
なんとしても連れて行ってあげたいのは、車両基地。
たくさんの電車がずらりと並ぶ様子は、まさに非日常の世界。
ぜひ、電車図鑑を持ってお出かけしてみてください。

>>>>> view points @ TRAINS BASE

28 veiw point ➡ 大井競馬場前駅

大井車両基地／
東京貨物ターミナル駅

DATA
- □ トイレ
- □ オムツ替えシートのあるトイレ
- □ ベンチ
- □ 駅近

ここから見える車両
- ▶ 東海道新幹線
- ▶ 貨物列車

> 東海道新幹線と貨物列車が並ぶ圧巻の眺め
> 知る人ぞ知る鉄道的名所！

　私が初めてこの車両基地を訪れたのは、まだ幼かった長男が電車に興味を持ち始めた頃のこと。目の前の光景に圧倒され、ふと隣を見ると息子も私と同じ顔で興奮していました。悩み多き新米母だった私にとって、その一体感のなんと心強かったことか！ それから親子で電車を追いかける日々が始まり、その日々が親子関係の土台となりました。そんな私の実生活から2冊のママ鉄ガイドが生まれ、読売新聞での連載が始まり……と、思い返せば感慨深くて涙が出そうになるのですが、それはさておき、大井車両基地です。名所です。個人的にはパワースポットだと思っています！

　東京モノレール・大井競馬場前駅で下車したら、目の前の歩道橋を渡り、勝島橋を越えて約20分。お子さんにとっては長い距離ですが、素晴らしい眺めが待っているので、ここはなんとかがんばって！　左手に見えてくるのは、東海道新幹線がずらりと並ぶ大井車両基地です。ただでさえ日常で目にすることの少ない新幹線がこれほどたくさん並ぶ光景は、まさに絶景！　黄色いボディの人気者・ドクターイエローに遭遇できる可能性もかなり高めです。

　新幹線の車両基地の先にあるのは、貨物列車の仕事場である東京貨物ターミナル駅。さまざまな機関車が停まり、コンテナの積み降ろしをしています。新幹線と同じく、日頃見かけることの少ない貨物列車に、子鉄くんの目は釘付けですね。貨物列車ファンの私も釘付けです（笑）。

　余裕があれば、もう少しだけ直進してみましょう。みなとが丘ふ頭公園の手前からは、りんかい線の車両基地を見下ろせますよ。帰りは、みなとが丘ふ頭公園で遊んでいくのもいいですね。

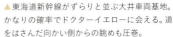
▲東海道新幹線がずらりと並ぶ大井車両基地。かなりの確率でドクターイエローに会える。道をはさんだ向かい側からの眺めも圧巻。

◀さまざまな機関車が働く東京貨物ターミナル駅。手前の赤い車両は、環境にやさしいHD300形ハイブリッド機関車。

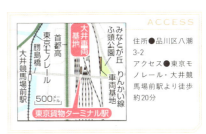

ACCESS

住所●品川区八潮3-2
アクセス●東京モノレール・大井競馬場前駅より徒歩約20分

view point 29 ➡ 田端駅

田端運転所・東京新幹線車両センター／尾久車両センター

DATA
☐ トイレ
☐ オムツ替えシートのあるトイレ
☐ ベンチ
☑ 駅近

ここから見える車両
▶ 東北・上越新幹線
▶ 貨物列車
▶ 高崎線、宇都宮線など

> 新幹線から機関車まで、ずらり勢ぞろい
> これぞ鉄道ファンの聖地！

　寝ても覚めても「電車！　電車！」。そんな子鉄くんを満足させたければ、JR東日本の田端運転所・東京新幹線車両センターと尾久車両センターが隣接する、とっておきの場所へ！　おもちゃ箱をひっくり返したような世界に、大人も魅了されてしまいます。

　JR田端駅北口を出ると、高架をびゅんびゅん走る新幹線に子鉄くんたちはテンションアップ！　そこをなんとかなだめ、田端ふれあい橋を渡って左へ進みましょう。

　左手は田端運転所。手前に機関車がずらりと並んでいます。電気機関車金太郎やディーゼル機関車DE10など、力持ちも並んでいます。職員の方が作業をしている様子が見られたら、なんだかわくわくしてしまいますね。その奥に見える東京新幹線車両センターでは、東北・上越新幹線が仲良く並んでお昼寝中。E7系かがやき、E6系こまち、E5系はやぶさ、新塗装のE3系など、お気に入りに会えたらいいですね。

　右手の尾久車両センターは、かつてブルートレインが長旅の疲れを癒やしていた場所。この通りからだと建物の隙間から見える程度なので、じっくり見たければ、尾久駅に向かってみましょう。田端駅から歩いてきた通りを、特別養護老人ホーム「上中里つつじ荘」の角で右に曲がると広大な線路が見えてきます。子鉄くんが車道に出ないよう気をつけてくださいね。こちらには、高崎線、宇都宮線の車両などがたくさん並んでいます。

　車両基地の魅力は、予想外の出会いがあるかもしれないこと。私も予期せずここで、デビュー前のE5系はやぶさを見かけて、絶叫した思い出があります（笑）。どんな電車に会えるのか、行ってみてのお楽しみですね。

▲ずらりと並ぶ東北・上越新幹線を見られるのが、この車両基地の大きな魅力。車両基地側は車道になっているので、歩道から眺めるようにしましょう。

◀たくさんの機関車が見られるのは、貨物列車ファンにはたまりません！ こちらの赤い機関車はDE10。車両基地を行ったり来たりと、お仕事中でした。

ACCESS

住所●北区東田端2
アクセス●山手線、京浜東北線・田端駅より徒歩約8分

三鷹車両センター

View point 30 → 三鷹駅

| ここから見える車両 | ▶中央線　▶総武線　▶東西線　▶スーパーあずさ　▶あずさ・かいじ |

DATA
- □ トイレ
- □ オムツ替えシートのあるトイレ
- □ ベンチ
- □ 駅近

跨線橋の下に並ぶ中央線と総武線は文豪・太宰治も愛した景色

　子鉄くんの電車熱が本格的になってきたら、ぜひ連れて行ってあげたい場所のひとつが、三鷹駅近くのJR三鷹車両センターです。かの文豪・太宰治もお気に入りの場所だったとのこと、まさに時代を超えた名所ですね。

　JR三鷹駅南口を出て右手へ下りたら、線路に沿って西の方向、武蔵境駅方面へ進みましょう。この通りは、その名もズバリ「電車庫通り」。右手のフェンス越しに見える線路の数にわくわく感が高まります。10分ほど歩いたところにある跨線橋に上ってみると、そこからの眺めはまさに絶景！　黄色いラインの中央・総武緩行線、オレンジラインの中央快速線、青いラインの東西線直通運転車両、運がよければ、スーパーあずさや、あずさ・かいじの姿も！　職員の方々が車両を磨いたり点検作業をしたりしている様子に子鉄くんたちの目は釘付けです。パンタグラフを上から観察できるのもいいですね。

　この跨線橋はフェンスで覆われているので安全ですが、おもちゃなどを落とさないようご注意ください。トイレは三鷹駅で済ませて行きましょう。駅には、「アトレヴィ三鷹」や「Dila三鷹」もあるので、ママも楽しめそうです。

　子鉄くんが車両基地の虜になったら、地図を広げて車両基地探しに挑戦するのもいいですね。線路を指でたどっていくと、ホウキの先のような部分が見つかります。これが車両基地。ここに跨線橋が架かっていれば、並んで出番を待つ電車を見下ろすことができます。調べていると、跨線橋が架かっている車両基地は限られている、ということに気付くはず。そういう意味でも、この三鷹車両センターはとても貴重な場所のひとつなのです。

▲ 跨線橋からの眺めは、これぞ車両基地！ のひとこと。停まっている電車のすぐ脇を、お客さんを乗せた電車が走り抜けていく。

◀ 跨線橋は、目の細かいフェンスがあるので、おもちゃなどを落とす心配もなく安心。いつ訪れても、電車を眺める人の姿が絶えない。

ACCESS

住所●三鷹市上連雀 3-1-18
アクセス●中央線、総武線・三鷹駅より徒歩約10分

31 豊田車両センター

→ 豊田駅

DATA
- ☐ トイレ
- ☐ オムツ替えシートのあるトイレ
- ☐ ベンチ
- ☐ 駅近

ここから見える車両: ▶中央線 ▶スーパーあずさ ▶あずさ・かいじ ▶189系車両など

中央線ファンはたまらない！遠くても足を運ぶ価値のある車両基地

　東京都心からは少し離れますが、のんびりと電車ウオッチングのできる車両基地といえば、豊田車両センターです。とくに中央線ファンはたまりませんね。

　JR豊田駅で下車したら南口を出て、線路に沿って右手へ（北口へ出てしまうと途中で大きく迂回しなければならないので要注意です）。10分ほど歩くと跨線橋に到着します。階段を上ると、足の下を中央線の車両がびゅんびゅん。ときには特急スーパーあずさやあずさ・かいじ、ホリデー快速などに使われているちょっとレアな189系車両や貨物列車が走り抜けていくことも。跨線橋のすぐ下には、車両洗浄装置が設置されています。電車を洗うシーンが見られたらラッキーですね。少し遠くには、ひと休み中の電車が並ぶ豊田車両センターも見えます。車両基地ならではのこの眺め、いいですね。

　もっと近くで車両センターを見たい！ということなら、跨線橋を北側に渡りきって左手に15分ほど歩き、車両センターの西端まで行ってみましょう（線路の北側を歩かないと、こちらもまた大きく迂回することになるので要注意です）。車両センターの中には入れませんが、フェンス越しにたくさんの車両が並んでいる様子を見ることができます。このあたりからは、踏切も見えるので、踏切ファンの子鉄くんも大満足ですね。

　豊田駅と車両センターの西端を往復するとそれなりの時間がかかりますが、すぐ脇では電車がひっきりなしに走っているので、小さな子鉄くんもいつの間にか歩き切ってしまいそうですね。最初から最後まで日陰がないので、暑い日にお出かけする場合は、飲み物や帽子を忘れないようにしましょう。

▲豊田車両センターの西端。ずらりと並ぶ車両を見たければ、ここまで歩いて行ってみよう。囲いに覆われていないので、よく見える。

◀写真右手はお客さんを乗せて走る中央線。左手の奥には豊田車両センターが小さく見える。2015年夏の取材時、ここを国鉄色の189系が通過したときはうれしかった！

ACCESS

住所●日野市東平山3-30
アクセス●中央線・豊田駅から最初の跨線橋までは、徒歩約10分。跨線橋から車両センター西端までは、さらに徒歩約15分

32  ➡ 東大和市駅

玉川上水車両基地

ここから見える車両 ▶ 西武鉄道

DATA
- □ トイレ
- □ オムツ替えシートのあるトイレ
- □ ベンチ
- ☑ 駅近

> 車両基地で盛り上がって、
> 足湯で温まる、絶妙なお散歩コース！

　"車両基地＆足湯"という、心身ともに熱くなれるスポットといえばここ、玉川上水車両基地です。

　拝島線の東大和市駅の改札口を出たら、線路に沿って玉川上水駅方面へ。遊歩道を10分ほど歩くと、ずらりと並んだ車両が見えてきます。ここは、西武鉄道の車両がひと休みしている玉川上水車両基地。笑ったような顔が子どもたちに人気の"スマイルトレイン"こと30000系、おなじみの黄色い2000系、多摩湖線を走る101系などが並んでいます。

　基地の先端が斜めになっているので、車両は1両ずつ先頭をずらして停められており、すべての車両の顔がよく見えるのがこの車両基地の大きな魅力。眺めている間にも、拝島線が通過していくので、子どもたちも飽きることなく楽しむことができます。

　電車を堪能したら、いざ足湯へ！　車両基地から玉川上水の方に向かって5分ほど歩いたところにあるのが、「こもれびの足湯」。ごみ焼却施設の余熱を利用して、天然の地下水を温めているエコロジカルな施設です。更衣室やトイレ、飲み物やタオルの販売所がある上、スタッフの方が目を配ってくれているので、子連れでも安心して利用できますね。

　もうひとつ、ここまで足を運んだらおすすめしたいのが、玉川上水の緑道沿いにある「玉川上水のぷりん屋　madeleine」（twitter @sato_made）。毎週土曜日のみ、10時にオープンして売り切れと同時におしまいになってしまう小さなお店です。手作りのプリンはとってもやさしい味。車両基地、足湯、プリン、と盛りだくさんな1日、子鉄くんが全部気に入ってくれたらうれしいですね。

▲たくさんの車両が斜めに並んでいる玉川上水車両基地。ひとつひとつの電車の顔がよく見えるのがうれしい。

◀「こもれびの足湯」は子どもたちにも大人気。9時半〜16時半（10月〜2月は16時まで）毎週木曜休み（祝日の場合は翌日）。無料。

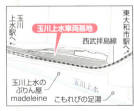

ACCESS
住所●東大和市桜が丘3（玉川上水車両基地）　小平市中島町3-5（こもれびの足湯）
アクセス●拝島線・東大和市駅より徒歩約10分

33 view point → 西馬込駅

馬込車両検修場

DATA
☑ トイレ
☐ オムツ替えシートのあるトイレ
☑ ベンチ
☑ 駅近

ここから見える車両
- 都営浅草線
- 都営大江戸線
- 京成電鉄
- 京浜急行
- 北総鉄道

→ 日本初の電気機関車、ストロベリーレッドのE5000形に会えるかも！

　馬込車両検修場は、とびきりレアな車両に会える車両基地。ほんの少し予習をしてから出かけると、親子ともども楽しさ倍増です。

　都営浅草線・西馬込駅南口を出たら、国道1号線を左手にまっすぐ進みましょう。10分も歩かずに見えてくる跨線橋を上れば、都営浅草線の車両基地、馬込車両検修場を見下ろすことができます。銀杏のマークがまぶしい浅草線がずらりと並ぶ様子は圧巻ですね。都営大江戸線、京成電鉄、京浜急行、北総鉄道の車両がひと休みしていることもあるので、よくよく観察してみましょう。

　この車両基地の目玉は、なんといっても電気機関車E5000形です。ストロベリーレッドと呼ばれる鮮やかな赤色で彩られたこの車両は、日本の地下鉄初の電気機関車なのだそう。ここでしかお目にかかれない、とってもレアな車両です。その役目は、大江戸線の車両を引っぱって、汐留駅と馬込車両検修場をつなぐ汐留連絡線を走ること。大江戸線と浅草線は車両のサイズもモーターの種類も違うので、大江戸線は浅草線が使っている汐留連絡線を自力で走ることができません。そこで、このE5000形が大江戸線を引っぱって連れて帰ってきたり、送り届けたりするのです。甘いルックスからは想像もできない力持ちなのですね。

　この跨線橋を渡りきったところには、ベンチやトイレのある小さな公園があります。また、西馬込駅から馬込車両検修場までの国道沿いにはファミリーレストランがあるので、ひと休みして帰るのもいいですね。屋根のない跨線橋からの車両基地ウオッチングは、真夏や真冬、梅雨時には厳しいもの。気候のよい時期を選んで足を運んでみてくださいね。

▲跨線橋の上から見下ろす車両基地。都営浅草線車両に交じって、京急や京成などの車両が並んでいることも。

◀これがウワサのE5000形電気機関車。なかなかほかでは見ることのないキュートな色合いが子鉄&ママ鉄に人気。

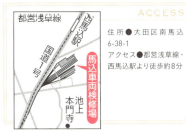

ACCESS

住所●大田区南馬込6-38-1
アクセス●都営浅草線・西馬込駅より徒歩約8分

親子で工作
牛乳パックで **E7系新幹線** を作ろう！

牛乳パックと折り紙だけで、電車を作ってみましょう。
ここでは、子鉄くんに人気の新幹線E7系の作り方をご紹介しました。
ホンモノそっくりに作るのも面白いけれど、自分だけのオリジナル電車を作るのも、
楽しいですね。買ってきたおもちゃよりも愛着がわきそうです。

用意するもの ●牛乳パック ●折り紙 ●のり ●セロハンテープ ●はさみ ●カッター

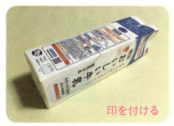

1 印を付ける
左右両側面とも、底から10cmのところに印を付けて、対角線に線を引いておく。ロングノーズの新幹線の場合は、15cm以上のところから線を引く。

2 カットする
斜めに引いた線をカッターで切り、写真のように切り開く。左右両側面の三角形の部分は取り除く。

3 鼻先の丸みを作る
先端に丸みを付けながら、新幹線の鼻先を作る。余った部分は底面にセロハンテープで固定する。

4 側面の穴をふさぐ
左右両側面の穴を、厚紙などを使ってふさいでおく。お尻の部分も閉じておこう。

子鉄&ママ鉄
COLUMN

白い折り紙を貼る①

5 上面から前面にかけて、白い折り紙を貼る。カーブの部分に切り込みを入れながら丁寧に仕上げよう。

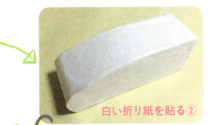

白い折り紙を貼る②

6 両側面にも白い折り紙を貼る。

青い折り紙を貼る

7 上面から前面にかけて、青い折り紙を貼る。

ラインを貼る

8 ゴールドと青い折り紙を細く切って、ラインを貼る

作ってみてね！

成田エクスプレス

こちらは成田エクスプレス。E7系では斜めに下ろした上面を、こんもりと上に盛り上げるのがポイント。

完成

E7系

細部を貼って完成！プリントアウトしたロゴマークを貼ると、かっこいい！

Chapter 5 ショッピングセンターから電車を見よう!

HIKARIE!

TAKASHIMAYA!

KITTE!

AKIHABARA UDX!

→ ママのショッピングにおとなしくついていくなんてイヤ！
そんな子鉄くんも、電車の見えるショッピングセンターならいかが？
ベビーカーの子鉄くんなら、思う存分電車を見たあとぐっすり眠ってくれるかも！？
ママも満足、子鉄くんも満足、充実した1日になりそうです。

FUKUNIWA!

SKYTREE!

TAKASHIMAYA
TIMES SQUARE!

>>>>> view points @ SHOPPING CENTER

→ 押上駅

東京スカイツリータウン®

ここから見える車両
▶ 東武スカイツリーライン
▶ スペーシア　▶ りょうもう

DATA
☑ トイレ
☑ オムツ替えシートのあるトイレ
☑ 駅近
☑ 授乳室

天空から見下ろす電車はまるでジオラマのよう！

　開業から丸4年、東京の観光名所としてすっかり定着した東京スカイツリー®。開業に合わせて従来のサニーコーラルオレンジに加えて江戸紫の「雅」、淡いブルーの「粋」が登場した東武特急スペーシアは、2015年に「日光詣スペーシア」と名付けられた黄金色が登場して、さらなる盛り上がりを見せました。そんなスペーシアを天空から見下ろしたい！　と思ったら、東京スカイツリータウンへ行ってみましょう。

　東京スカイツリータウン周辺は、スペーシアやりょうもうをはじめ、東武スカイツリーラインや京成押上線の電車がよく見えるポイントがたくさんあります。でも、真夏や梅雨時、寒さの厳しい時期は、東京ソラマチ1階、押上駅側にある専用エレベーターに乗って30、31階の高層レストランフロアへ昇ってみましょう。エレベーターを降りてガラス張りのエレベーターホールから見下ろせば、そこに広がるのはおもちゃみたいに小さな東京の街！　線路を行き交う電車も、まるでジオラマを走る模型のように見えます。つい時間を忘れて見入ってしまいそうですね。エレベーターホールにはベンチがあり、すぐそばにあるトイレにはオムツ替えシートもあるので安心です。ひと休みするなら、広々していて気兼ねなく過ごせるソラマチ3階のフードコートへ。そばには、プラレールやトミカのショップもあるので楽しく過ごせそうです。調乳用の給湯器を備えた赤ちゃん休憩室もありますよ。

　目の前で電車を見たい！　という元気な子鉄くんなら、押上駅B3出口前のバスロータリー周辺からのウオッチングがおすすめです。線路脇にはしっかりとフェンスが張ってあり、バスロータリーとの間の歩道も広いので安全です。

Chapter 5　ショッピングセンターから電車を見よう！

▶東京スカイツリータウン30階から見下ろすと、街はジオラマのよう。スペーシアが通れば、子どもたちは大喜び!

▼押上駅前バスロータリー付近から眺めるスペーシア。フェンスがしっかりとしているので、子連れでも安心。

住所●墨田区押上1-1-2
アクセス●東武スカイツリーライン、半蔵門線、浅草線、京成線・押上駅よりすぐ
営業●10時～21時　定休日なし

☎0570-55-0634(東京スカイツリーコールセンター)、
0570-55-0102(東京ソラマチコールセンター)

35  ➡ 渋谷駅

渋谷ヒカリエ

| ここから見える車両 | ▶銀座線　▶山手線　▶埼京線　▶湘南新宿ライン
▶成田エクスプレスなど |

DATA
- ☑ トイレ
- ☑ オムツ替えシートのあるトイレ
- ☑ 駅近
- ☑ 授乳室

> それぞれの階からそれぞれの眺め
> お気に入りのポイントを見つけよう

　このところ鉄道ファンの間でよく話題になるのは、2021年に銀座線・渋谷駅が移動するらしい、という話。現在の銀座線・渋谷駅は、東急百貨店東横店の3階にありますが、なんと表参道駅方面に130mも移動するのだそう。まだ先の話ですが、この見慣れた光景は今のうちにじっくり見ておきたいものですね。

　渋谷で銀座線を見るなら、渋谷ヒカリエがおすすめ。まずは11階のスカイロビーへ。ここは西側が全面ガラス張りとなった広いスペースで、渋谷の街を一望できます。ベンチ、レストラン、コンビニエンスストア、トイレもあるので、安心して長居できそう。銀座線を見るなら、東急シアターオーブに上る階段の裏から。東急百貨店東横店の建物を出入りする銀座線、そして銀座線と直角に交わるJR線、両方を見下ろすことができます。銀座線ではレトロな雰囲気の1000系、JR線では時々やってくる成田エクスプレスに子鉄くんたちは大歓声ですね。

　もっと電車がよく見えるのは、そのすぐそばにあるエスカレーターで下りた9階から。ガラス張りの壁が線路の真上にあるので、銀座線が11階よりもずっとよく見下ろせます。

　いやいや、もっと近くから銀座線を見たい！　というなら3階、4階の西側にあるエスカレーター乗降口付近「アーバンコア」と呼ばれるエリアへ。銀座線が目線に近い位置で見えるので迫力満点です。

　居心地のよさが魅力の11階、銀座線とJR線の両方をばっちり見下ろせる9階、銀座線を目線の高さで楽しめる3、4階。お気に入りを見つけてくださいね。外を歩き回るのはつらい真夏や真冬も、こんなお出かけなら親子で無理なく楽しめそうです。

▶渋谷ヒカリエ9階から見下ろす銀座線1000系。トンネルのように見えるのは東急百貨店の中にある渋谷駅。直角に交わっているのはJR線。

▼渋谷ヒカリエ11階は広々としたスペース。コンビニエンスストアやオムツ替えのできるトイレもあるので安心して過ごせる。

ACCESS

住所●渋谷区渋谷2-21-1
アクセス●JR線、東横線、田園都市線、半蔵門線ほか渋谷駅直結
営業●ShinQs 10時〜21時、カフェ&レストラン11時〜23時(7階:月〜土曜は〜23時半まで)
定休日 元旦 ☎03-5468-5892

36

 → 新宿駅

タカシマヤ タイムズ スクエア（イーストデッキ）

DATA
☑ トイレ
☑ オムツ替えシートのあるトイレ
☑ 駅近
☑ 授乳室

ここから見える車両
- 山手線　▶総武線　▶中央線　▶埼京線　▶りんかい線
- 湘南新宿ライン　▶成田エクスプレス　▶スーパービュー踊り子
- スペーシア　▶スーパーあずさ　▶あずさ・かいじ など

乗降客数でギネス認定を誇る新宿駅 数え切れないほどの電車を見下ろそう！

　1日あたりの乗降客数が360万人を超える（JR、私鉄含む）ということで、世界一忙しい駅としてギネスブックに認定されている新宿駅。この駅を出入りするたくさんの電車を見下ろしたいなあ……と思ったことのある子鉄くんもたくさんいることでしょう。

　そんな子鉄くんの願いを叶えてくれる場所は、新宿サザンテラスとタカシマヤ タイムズスクエアとをつなぐイーストデッキです。足元を通過する車両は、山手線、総武線、中央線、埼京線、湘南新宿ライン、りんかい線などなど。成田エクスプレスやスーパービュー踊り子、スペーシア、スーパーあずさ、あずさ・かいじなど、人気の特急列車も時々やって来るので、時刻表をチェックして行きましょう。デッキは広々としている上、欄干の上に透明の板が設置されているので、小さな子連れでも安心。その南にある紀伊國屋書店3階入り口前のテラスにはベンチも並んでいるので、ゆっくりと腰を落ち着けることができそうです。

　食事をしながらこの光景を眺めたければ、P116でご紹介する新宿高島屋9階の「カフェタバサ」がおすすめ。子連れ向けのお店なので、キッズメニューやベビーチェアなど配慮が行き届いています。同じく本館12階〜14階のレストランフロアももちろんトレインビュー。西側に入っているレストランの窓際席から線路を見下ろすことができます。フロアごとにトイレがあるのはもちろん、9階と14階には赤ちゃん休憩室もあるので、安心してお出かけください。

　すぐに屋内に入れるので、真夏や真冬の電車ウオッチングにもぴったりですね。クリスマスシーズンは、例年イルミネーションを楽しみに訪れる親子も多いようです。

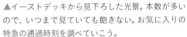

▲イーストデッキから見下ろした光景。本数が多いので、いつまで見ていても飽きない。お気に入りの特急の通過時刻を調べていこう。

◀イーストデッキは広々としているので、気兼ねなく電車を眺めることができる。くれぐれも子どもたちが走り回らないよう、気をつけて。

ACCESS

住所●渋谷区千駄ヶ谷5-24-2
アクセス●JR線新宿駅新南改札より徒歩1分
営業●各店舗による
定休日 元旦
☎03-5361-1111（代表）

 → 東京駅

屋上庭園「KITTE ガーデン」

ここから見える車両: ▶東海道新幹線　▶山手線　▶京浜東北線　▶東海道本線　▶スーパービュー踊り子　など

DATA
- ☑ トイレ
- ☑ オムツ替えシートのあるトイレ
- ☑ 駅近
- ☑ 授乳室

東京駅を通過する電車を見下ろせる絶妙なウオッチングスポット！

　2013年3月、JR東京駅前に旧東京中央郵便局局舎を一部保存、再生して建設されたJPタワー商業施設KITTE（キッテ）がオープンしました。"切手"から"KITTE"と名付けられたのですね、なるほど！　施設内には、日本全国のご当地銘品、日本のモノ作りへのこだわりや美意識の感じられるショップ、各地で話題のレストランなどが数多く並んでいます。センスのよい品ぞろえを前に、心ゆくまで見て歩きたい……という思いにかられそうですが、私たちが目指すのはいつだって電車ウオッチングポイント！　さあ、誘惑を振り切って、6階の屋上庭園「KITTEガーデン」へ行ってみましょう。

　外に出ると、目の前に広がる光景に大人も子どもも大歓声！　そう、ここからは東京駅を見下ろせるのです。東海道新幹線、山手線、京浜東北線、東海道本線、そしてスーパービュー踊り子などの特急が真下をびゅんびゅん！　なんともゼイタクな眺めです。注意すべきは、東北・上越新幹線はKITTEの方向とは逆に向けて出発することと、成田エクスプレスは地下を通っているので見えないこと。事前に、子鉄くんに説明しておく方がいいかもしれません。機嫌を損ねられると大変ですから！

　屋上庭園には広いベンチがあるので、親子でのんびり過ごすことができます。柵が透明なので眺めが遮られないこと、また、柵の高さがカメラを構えるのにちょうどよいことも、鉄道ファンにとってはうれしいところです。施設内には、オムツ替えのできるトイレや授乳室も完備。ぜひお友達を誘ってお出かけください。電車に興味がない親子もきっと喜んでくれますよ。ここからの夜景も素敵です。

▲屋上庭園「KITTEガーデン」からの眺め。手前を在来線、奥を東海道新幹線が走っている。ドクターイエローに会えたらラッキーですね!

◀大きなベンチもあるので、ゆったりと過ごせそう。電車のほかにも、東京駅の駅舎の美しさも堪能できる。

ACCESS

住所●千代田区丸の内2-7-2
アクセス●丸ノ内線・東京駅直結、JR線ほか・東京駅より徒歩1分〜6分
営業●11時〜23時(日曜・祝日は〜22時)
定休日元旦(悪天候により閉鎖する場合もあり)

☎03-3216-2811(インフォメーション10時〜19時)

 → 有楽町駅

東京国際フォーラム・ガラス棟

DATA
☑ トイレ
☑ オムツ替えシートのあるトイレ
☑ 駅近
☑ 授乳室

ここから見える車両
- 東海道新幹線
- 東北・上越新幹線
- 山手線
- 京浜東北線
- 東海道本線
- スーパービュー踊り子など

→ ガラス越しに見える東海道新幹線 N700Aを探してみよう！

　ありとあらゆる電車が集まってくる東京の中心、東京駅。この界隈で電車を眺められる場所は、いくつ知っていても足りないくらいですね。東京駅のお隣、有楽町駅の脇にそびえ立つ東京国際フォーラムも、素敵なウオッチングポイントのひとつ。美しい曲線を描く巨大でユニークなガラス棟の存在感には、子鉄くんもびっくりですね。

　エレベーターでガラス棟の7階へ上がったら、右手の一番奥へ。広々としたスペースのガラス壁面から見下ろせば、そこはまさに電車パラダイス！　東海道新幹線、山手線、京浜東北線、東海道本線など、たくさんの電車がひっきりなしに行き交っています。さらに目をこらすと、東京駅のホームで出発を待つ東北・上越新幹線の姿も。こまちやはやぶさなど、みんな子鉄くんたちのヒーローですね。双眼鏡持参でのお出かけがおすすめです。

　ちなみに、東海道新幹線は、私が幼かった子どもたちを連れ歩いていた頃は、100系、300系、500系……と実にバラエティ豊かで、「次は何が来るだろう？」とわくわくしたものでした。いまは、N700系のみ、ということで若干の寂しさを感じますが、注目するなら、2013年にデビューしたN700Aでしょうか。ただ、進化したのは安全性や静粛性など中身のお話で、外観は従来のN700系とほぼ同じ。運行は日々変わるため、時刻表を見てもわかりません。車両の奇数号車の横に大きく描かれた「A」の文字を頼りに、確かめるしかなさそうです。

　建物内には、オムツ替えのできるトイレや自動販売機、子連れで入れそうなカジュアルレストランもたくさん。気兼ねなく立ち寄れそうですね。

▲東京駅を出入りする東海道新幹線。ガラス越しなので音は聞こえないけれど、迫力満点！

◀左手には、東京駅のホームを出入りする電車がずらり。他ではなかなか見ることのできない光景に、子鉄くん大興奮。ぜひ双眼鏡持参で！

ACCESS
住所●千代田区丸の内 3-5-1
アクセス●有楽町線・有楽町駅より直結、JR線ほか・有楽町駅より徒歩1分
営業●7時～23時半
☎03-5221-9000（代表）

➡ 恵比寿駅

恵比寿ガーデンプレイス
(地下通路)

DATA
☑ トイレ
☑ オムツ替えシートのあるトイレ
☑ 駅近
☑ 授乳室

ここから見える車両　▶山手線、湘南新宿ライン　▶埼京線　▶りんかい線　▶成田エクスプレス　▶貨物列車　など

真夏も真冬も梅雨時も！ガラス越しの特等席から電車を見よう

　梅雨時や真冬、エネルギーを持てあます子鉄くんたちを一体どうすれば……と、悶々としてしまうのは毎年のこと。そんなときにおすすめなのは、恵比寿ガーデンプレイスです。

　JR恵比寿駅東口を出て、動く通路「恵比寿スカイウォーク」へ。終点で右手の階段を下りると、恵比寿ガーデンプレイスの地下通路に出ます。ガラス張りのこの通路は、すぐ脇が線路！　ガラスをはさんで、電車と並んで歩けるなんて、子鉄くんなら大喜びですね。通路の突き当たり、ガラスの壁面角は特等席。真正面から電車が近づいてくる様子は迫力満点です。ここを通るのは、山手線、湘南新宿ライン、埼京線、りんかい線。子鉄くんのヒーロー・成田エクスプレスは、ぜひ時刻表をチェックして！　時々貨物列車が通るのも、この路線の魅力です。

　お天気がよい日であれば、恵比寿駅周辺を探検してみましょう。恵比寿から目黒方面に向かって、アメリカ橋、三田橋、大丸跨線橋……と鉄橋が架かっています。どの橋からも電車を見下ろせますが、おすすめは3本目の大丸跨線橋。ここは、目の前が線路の立体交差で、湘南新宿ラインなどが行き来するトンネルの上を、山手線が交差しているのです。立体感がある線路は、見ていて飽きません。

　跨線橋の東側には、三田丘の上公園があります。広々とした砂地に遊具が並び、夏場は滅菌装置を備えたじゃぶじゃぶ池が賑わいます。オムツ替えシートはないものの、トイレも完備。公園の端から電車も見えるので、ぜひ立ち寄ってみてください。お天気や子鉄くんのご機嫌に合わせて、選択肢をいくつか用意しておけるお散歩ルートはいいですね！

▲恵比寿ガーデンプレイス地下通路から眺める貨物列車。電車との距離が近いので子鉄くんは大喜び、ガラス越しなのでママは安心！

◀恵比寿駅前から3本目、大丸跨線橋から見下ろす成田エクスプレス。線路の立体感がなぜか"わくわく"を誘う場所。

住所●渋谷区恵比寿4-20恵比寿ガーデンプレイス
アクセス●JR線・恵比寿駅より恵比寿スカイウォークで直結
営業●恵比寿三越11時〜20時、グラススクエア11時〜23時（一部を除く）
☎03-5423-7111（インフォメーション10時〜20時）

➡ 秋葉原駅

秋葉原UDX（アキバイチ）

ここから見える車両　▶山手線　▶京浜東北線

DATA
☑ トイレ
☑ オムツ替えシートのあるトイレ
☑ 駅近
☐ 授乳室

> 電車ウオッチングもショッピングも！
> 秋葉原ならではの鉄道散歩を楽しもう

　レストランやショップ、イベントホールなどが入る複合型ビル・秋葉原UDX。なにかと便利な場所ですが、子鉄＆ママ鉄にとっては貴重な電車ウオッチングポイントでもありますね。

　JR秋葉原駅電気街口を北側から出たら、目の前のエスカレーターで秋葉原UDXの2階へ。ベンチの並ぶ広々としたデッキが子鉄くんの目的地です。柵の向こう側を山手線と京浜東北線が行き交います。目線と同じくらいの高さなので迫力満点。屋根がないのが残念ですが、すぐ屋内に入れるので、お天気を気にせず遊びに行くことができますね。デッキに沿って並ぶレストランも窓際席はトレインビュー。ランチタイムは混み合うので、時間をずらして行ってみましょう。館内にはオムツ替えのできるトイレもあるので安心です。

　秋葉原UDXからは残念ながら東北・上越新幹線は見えません。新幹線を見たければ、線路を渡って反対側の通りに出てみてください。また、中央線ファンであれば、万世橋そばのマーチエキュート神田万世橋がおすすめ（P124参照）。2階のカフェ「N3331」の窓すれすれを中央線が走ります。

　帰りに立ち寄りたいのは、アトレ秋葉原1の2階にある雑貨ショップ「TRAINIART（トレニアート）」。東京駅駅舎柄のおしゃれな手ぬぐいや、車両柄のマスキングテープなど、世界の電車や路線図、駅舎などにちなんだデザイン性の高い雑貨を集めたお店です。「鉄道グッズはマニア向けと子ども向けばかり」と嘆いている、かわいいモノ好きなママ鉄さんはぜひ！　つい自分のための鉄道グッズを物色してしまったりして、子鉄くん以上に満足度の高い1日になりそうです。

▲秋葉原UDX2階デッキからの眺め。ここなら、気兼ねなく長居できそう。山手線、京浜東北線ファンの子鉄くんは大喜び!

◀アトレ秋葉原1の2階にある「TRAINIART(トレニアート)」にはおしゃれな鉄道グッズ満載。営業は10時〜21時。☎ 03-5289-3832

住所●千代田区外神田4-14-1
アクセス●JR線、日比谷線、つくばエクスプレス・秋葉原駅より徒歩2分〜4分
営業●11時〜23時(連休時は要確認)定休日なし
☎ 03-5298-4185

屋上庭園「ふくにわ」

view point → 永福町駅

▶ 井の頭線

ここから見える車両

DATA	
☑	トイレ
☑	オムツ替えシートのあるトイレ
☑	駅近
☐	授乳室

> 駅直結のウオッチングポイント
> 井の頭線を眺めるなら、ここが一番！

　子連れでお出かけするときは、"駅直結"という言葉が魅力的に聞こえるもの。井の頭線・永福町駅には、駅の真上に電車を見下ろせる屋上庭園「ふくにわ」があります。まさに"わざわざ訪れる価値のある駅"ですね。

　改札を出たら、エレベーターで駅ビル・京王リトナードの屋上へ。この屋上庭園は、「この場所から街全体に幸福が広がっていくように」という地元住民の思いから「ふくにわ」と名付けられたのだそう。桜や柚子などの木々、可憐なバラのアーチ、香り豊かなたくさんのハーブ、ゆったりと配置されたベンチやテーブル。足を踏み入れた途端、うっとりしてしまいそうになるのですが、目的を忘れてはいけません！　大事なのは電車です！

　この庭園が素晴らしいのは、明大前駅方面がガラス張りになっていて、永福町駅を出入りする電車を真上から見下ろせることです。それもそのはず、この場所は電車と夜景がよく見えるように設計されているのです。さすがですね！　電車の本数が多いので、ひっきりなしに行き交うのもうれしいところ。駅前の踏切も見下ろせるので、踏切ファンにはたまりません。

　井の頭線1000系のカラーリングは「レインボーカラー」と呼ばれています。2012年からは、7色のカラーを楽しめるラッピング車両も走り始めました。会えたらラッキーですね！

　京王リトナードは、"駅直結"のほかにも魅力がたくさん。オムツ替えのできるトイレはもちろん、ドラッグストアやスーパー、子ども服ショップも入っています。環境にやさしい取り組みも多々行っているとのこと。名前だけにとどまらず、本当に"幸福"を目指す駅なのですね。

▶屋上庭園「ふくにわ」から見下ろす井の頭線。次は何色が来るかな、と楽しみに待てるのも井の頭線の魅力。

▼「ふくにわ」は手入れが行き届いていて、まるで個人宅のお庭のような雰囲気。テーブルとイスもあるのでのんびり過ごせそう。

ACCESS

住所●杉並区永福2-60-31 京王リトナード屋上
アクセス●井の頭線・永福町駅直結
開放●8時〜19時

「電車好きの子どもは賢くなる？ 鉄道趣味が"お気軽な知育"なワケ」

「でんしゃ！ でんしゃ！」と寝ても覚めても電車の話ばかり。そんな我が子に当惑気味のパパやママもいらっしゃるかと思います。

私の息子2人もバリバリの子鉄くんでした。2人とも4歳の誕生日を迎える頃にはあっさりと脱鉄（＝電車を卒業！）しましたが、"鉄道と子どもの発達"については、実体験に基づいた気付きや疑問がいろいろとあります。そこで『子どもはなぜ電車が好きなのか 鉄道好きの教育＜鉄＞学』（冬弓舎）の著書を持つ教育学博士、弘田陽介先生にお話をうかがいました。

そもそも、電車にかじりついているのはなぜ男の子ばかり？ そこにはきっと、女の子にはない"何か"があるはず。

「人間の脳は、胎児のときから"男の子脳"と"女の子脳"に分かれているといわれています。"男の子脳"は、長じるにつれてモノの名前をたくさん覚えたり、いろいろなモノを集めたりすることに興味を示します。いわゆる鉄ちゃん的な頭の使い方ですね」（弘田先生）

たしかに、鉄道趣味には、模型を集めるような実際の蒐集（しゅうしゅう）だけでなく、たくさんの車両の名前を覚える"知識の蒐集"、全線乗りつぶしや全駅下車というような"経験の蒐集"など、さまざまな"蒐集"の要素があります。

「男の子は女の子よりも"所有コンプリート欲"が強いんです。全体の体系を意識しながら、その種類やシリーズを完全に集めたいという欲求です。頭の中に棚を作って、そこに集めた事物をどんどん入れていく。知識をタグ付けして上手に整理していくような感じです。そんなプロセスを経て知能が発達していくんです」（弘田先生）

なるほど、それは納得です。さらに先生は「鉄道には、子どもの成長を促す要素がたくさんある」という持論をお持ちです。

「1～2歳の幼児は、電車という"大きくて動くもの"がやってくるのを見たり、ガタンゴトンと体でリズムを感じたりすることで運動欲求を満たします。2～3歳にかけては、車両の種類による微妙なディテールの違いを見分けるようになりますね。これが数や言葉、形や色の違いを理解

子鉄 & ママ鉄 COLUMN

するという、学習の基礎につながるんです」（弘田先生）

　実際、子鉄くんのママたちからは「電車の行き先表示を見て漢字を覚えた」「ホームの何番線という数字を見て、数字を覚えた」などという声をよく聞きます。また、鉄道に乗り慣れている子は距離や方向、時間の感覚を身につけるのも早いようです。路線図を見たり、駅の数と時間の長さの関係を体感したりすることが役立つのでしょう。

「子どもが何かに気付いたときに、うまく声をかけて意識付けしてあげることで、鉄道を通して知的能力を伸ばせるんですよ」（弘田先生）

　ちなみに、息子の影響で鉄道ファンになった私ですが、個人的には、彼らの幼少期に一緒に夢中になれるものがあってよかった、と思っています。

「ぼくの大好きなものに、ママもこんなに夢中なんだ！」という気持ちは、彼らの中で大きな自己肯定感につながったはず。さらには、価値観を共有した経験が親子関係のベースとなったのか、難しい年頃にさしかかるいまでも、彼らは自分のことをよく私に話してくれます。

　男の子が夢中になるものは、異性である母親にとって大半が未知のもの。でも、そこにあるかっこよさに目覚めてみる。「仕方ないからつきあってあげよう」ではなく、本気で目覚めてみる。そこから得られるものは、"子どもの発達を促すこと"だけでなく、親子関係の礎なのだと私は感じています。

「でも、息子が鉄ちゃんになるのはちょっと……」とつぶやいたそこのあなたには、「鉄ちゃんになることを恐れちゃいけない。鉄道趣味はきっぷ代だけでできる"お気軽な知育"です！」という弘田先生からの熱いメッセージをお伝えしておきます！

弘田陽介先生

大阪総合保育大学大学院児童保育研究科・准教授。著書に『近代の擬態／擬態の近代』（東京大学出版会）、『子どもはなぜでんしゃが好きなのか　鉄道好きの教育〈鉄〉学』（冬弓社）など。

文・棚澤明子（2015年5月5日インターネットサイト「乗りものニュース」掲載　http://trafficnews.jp）

Chapter 6 レストランから電車を見よう！

→ 真夏や真冬、梅雨時など、外での電車ウオッチングがつらいときは、
電車の見えるレストランに行ってみましょう！
窓からの眺めはもちろん、お料理もおいしく、
子連れにやさしいお店ばかりを選びました。

42 veiw point → 有楽町駅

コルティブォーノ東京
（有楽町イトシア内）

DATA
☑ トイレ
☑ オムツ替えシートのあるトイレ
☑ 駅近
☐ 授乳室

ここから見える車両
▶東海道新幹線　▶山手線　▶京浜東北線　▶東海道本線
▶常磐線　▶スーパービュー踊り子　▶ひたち・ときわなど

> オープンテラスから眺める新幹線は最高！
> ママ会にも重宝しそうなイタリアンレストラン

　東海道新幹線が見えて、開放的なオープンテラスで、お料理がおいしくて、お店の方が子連れにやさしい。そんなレストランが、有楽町駅のすぐそば、有楽町イトシア4階にある「コルティブォーノ東京」です。

　テラス席に出ると、その眺めに親子で歓声をあげてしまうこと間違いなし！　すぐ目の前を東海道新幹線がややスピードを落として悠然と通り過ぎていきます。まさに東京ならではの光景ですね。

　東海道新幹線と並んで、山手線、京浜東北線、東海道本線、そしてスーパービュー踊り子などの特急も走ります。2015年に上野東京ラインが開通したことで、これまでこの場所を通過しなかった常磐線の特急ひたち・ときわの姿が見られるようになったのもうれしいですね。その上、運よく"新幹線のお医者さん"である黄色い新幹線ドクターイエローにも会えたら最高です。

　こちらのお店は、イタリアで古くからキャンティワインを造り続けているワイナリー内にあるレストラン「バディア・ア・コルティブォーノ」の東京第1号店。平日はパスタとコーヒーのランチセットが1000円（税別）とリーズナブルに楽しめます。5階には、オムツ替えのできるトイレや授乳室もあるので安心。ママ会を兼ねた集まりでお出かけすれば、大人から子どもまでみんなが満足できそうです。

　ちなみに、雨の日はテラス席を使えず、お食事はホール席のみとなります。お天気があやしいときは事前に問い合わせる方がいいかもしれません。場所柄、ランチタイムを楽しむビジネスマンも大勢いますので、子鉄くんが興奮しすぎて走り回ったりしないよう気をつけながら、気持ちよく電車ウオッチングを楽しみましょう。

▶ここは東京で、東海道新幹線をもっとも美しい形で見られる場所のひとつ。東海道新幹線の本数の多さに改めて驚かされる。

▼おしゃれで開放的なテラス席。柵ではなく透明のプレートが設置されているので、子どもがモノを落とす心配がない上、外を眺めやすいのもうれしい。

ACCESS

住所●千代田区有楽町2-7-1 イトシア4階
アクセス●山手線、有楽町線・有楽町駅より徒歩約1分、銀座線ほか・銀座駅より徒歩約2分
営業●11時〜23時
定休日なし
☎03-3211-0550

→ 飯田橋駅

カナルカフェ

ここから見える車両
▶中央線 ▶総武線
▶あずさ・かいじ

DATA
☑ トイレ
☑ オムツ替えシートのあるトイレ
☑ 駅近
☐ 授乳室

> ゆっくりとした時間が流れるテラスで
> 中央線ウオッチングもリッチな気分

　子連れの外食には苦労がつきものですね。大好きな電車が見えればおとなしく座っていてくれるのに……、屋外のテラス席なら多少子どもの声がしても身をすくめなくてすむのに……。そう思うこと、ありませんか？　JR飯田橋駅西口近くにある「カナルカフェ」は、そんなママ鉄の願いをばっちり叶えてくれるレストランです。

　神楽坂下交差点からすぐ、外堀通り沿いにある瀟洒な門をくぐると、そこは別世界。水面がきらきらと輝く開放的な空間は、まるでヨーロッパのよう。入り口は二手に分かれ、左は屋内レストラン、右は屋外のデッキサイドになっています。屋内レストランはややかしこまった雰囲気があるので、子連れの皆さんは、迷わず右手のデッキサイドへ進みましょう。

　お堀の対岸では、オレンジラインの中央線と黄色いラインの総武線がびゅんびゅん！　本数は少ないですが、特急あずさ・かいじも通過するので、時刻表を調べて行くのもいいですね。ただし、人気のスーパーあずさは通過しません。現地に着いてから泣かれると困るので、子鉄くんに前もって伝えておきましょう！

　こちらのデッキサイドでは、パスタ（単品800円税別）やピッツァが（単品1600円税別）など、美味しいイタリアンをセルフサービスでいただくことができます。水際には柵がありますが、小さなお子さんが走り回ってお堀に落ちないよう、気をつけてくださいね。トイレにはオムツ替えシートもあるので安心です。

　「カナルカフェ」の近く、JR飯田橋駅西口前の牛込橋からは、線路を見下ろすことができます。お出かけのついでに立ち寄れば、足元を電車が走り抜ける迫力を味わうこともできますよ。

▲開放的でカジュアルな雰囲気の「カナルカフェ」のデッキサイド。お堀端が桜で埋め尽くされるお花見シーズンは圧巻の眺め。

◀JR飯田橋駅西口前の牛込橋からの眺め。時間があれば外濠公園(P28参照)をお散歩してみるのもおすすめ。

ACCESS

住所●新宿区神楽坂1-9
アクセス●JR線、東西線、有楽町線ほか・飯田橋駅より徒歩約1分
営業●11時半〜23時
(日曜・祝日は〜21時半)
定休日 第1、第3月曜(祝日の場合は営業)
☎03-3260-8068

44 view point → 新宿駅

カフェ タバサ 新宿店
（新宿髙島屋内）

DATA
- ☑ トイレ
- ☑ オムツ替えシートのあるトイレ
- ☑ 駅近
- ☑ 授乳室

ここから見える車両
▶山手線 ▶総武線 ▶中央線 ▶埼京線 ▶りんかい線 ▶湘南新宿ライン ▶成田エクスプレス ▶スーパービュー踊り子 ▶スペーシア ▶スーパーあずさ など

窓からの眺めもキッズメニューも！子鉄＆ママ鉄のツボを押さえたカフェ

　2016年春、新宿南側エリアが大きな発展を遂げました。高速バスターミナルやタクシー乗降場などを集約した「バスタ新宿」、駅直結の複合施設「NEWoMan」、「ミライナタワー」など、久しぶりに訪れると迷ってしまいそうです。

　そんな新開発エリアのすぐそば、新宿髙島屋の9階にある「カフェ タバサ」は、子鉄＆ママ鉄が思わず歓声をあげたくなるカフェ。新宿駅を出入りするほとんどの電車をここから見下ろすことができます。通過するのは、山手線、総武線、中央線、埼京線、りんかい線、湘南新宿ラインなどの車両。成田エクスプレスやスーパービュー踊り子、スペーシア、スーパーあずさなどの特急もみんなここを通ります。

　「カフェ タバサ」の魅力は、なんといっても子連れにやさしいところ。ベビーカーで入れることはもちろん、キッズチェアやバンボ（赤ちゃん用のイス）も完備。キッズメニューのほか、月齢に合わせた離乳食まで用意されています。かゆいところに手の届くサービスに、ママはほっと力が抜けますね。同じフロアには、オムツ替えシート、授乳室、ミルク用のお湯などが用意された赤ちゃん休憩室もあるので、安心です。

　おなかがいっぱいになったら、新宿髙島屋2階入り口のそば、「ミライナタワー」2階のテラスへ。虹色に塗られた「SHINJUKU」というオブジェが目印です。線路を見下ろすことができるので、子鉄くんたち、さらにテンションが上がりそうですね。すぐに屋内に入れるので、空模様があやしい日のためにも覚えておくと便利な電車ウオッチングポイントです。ママもショッピングを楽しめそうですね！

▲窓際席からの眺め。ひっきりなしに通る在来線に交じって、特急列車がやってくるのがうれしい。写真左手の小田急線の駅からはロマンスカーの発着がちらりと見える。

◀カフェの店内は明るくて開放的。予約は受けつけていないので、比較的すいている午前中がおすすめ。隣にはカフェの系列店であるキッズヘアサロンも。

ACCESS

住所●渋谷区千駄ヶ谷5-24-2 新宿髙島屋9階
アクセス●JR線新宿駅新南改札より 徒歩1分
営業●10時〜20時（L.O.19時半）金曜・土曜10時〜20時半（L.O.20時）定休日 元旦
☎03-5361-1497

45 veiw point → 東京駅

葡萄の社 互談や
（東京ビル TOKIA 内）

DATA
- ☑ トイレ
- ☑ オムツ替えシートのあるトイレ
- ☑ 駅近
- ☑ 授乳室

ここから見える車両
▶山東海道新幹線　▶山手線　▶京浜東北線　▶東海道本線
▶常磐線　▶スーパービュー踊り子　▶ひたち・ときわなど

おいしいごはんも、新幹線も特急もおなかいっぱい食べよう！

「今日は親子でおなかいっぱい食べるぞ！」そんな気分の日は、東京駅のすぐそば、東京ビルTOKIA3階にあるビュッフェレストラン「葡萄の社 互談や」がおすすめ。お料理がおいしいだけでなく、見られる電車の種類もたくさん！　窓際席からの眺めには、子鉄くんだけでなく、大人も目が釘付けになりそうです。

手前の線路ではひっきりなしに走る山手線、京浜東北線の合間を縫うように、スーパービュー踊り子など特急の姿が。上野東京ラインが開通してからは、この場所をひたち・ときわが走るようになったことも鉄道ファンの間では話題になっていますね。奥の線路を人気の東海道新幹線がゆっくりと走ります。東北・上越新幹線が見られないのは残念ですが、東京駅ならではのこの眺め、子鉄くんの大切な思い出になりそうですね。

「葡萄の社 互談や」は、添加物をなるべく使わず、素材を生かした料理が約50種類並ぶビュッフェ形式のレストラン。東京近郊で採れた新鮮な野菜は、子どもたちにたくさん食べてほしい安心なものばかり。窓際席は数に限りがありますが、土曜・日曜・祝日のランチタイムを除けば予約が可能とのことです。地下から3階まで、各階にオムツ替えのできるトイレと授乳室が完備されているのも、助かりますね。

東京駅周辺といえば、ほかにも東京国際フォーラムのガラス棟（P100参照）、KITTEの屋上「KITTEガーデン」（P98参照）など、のんびりと電車ウォッチングのできる"名所"があちこちにあります。おなかがいっぱいになったら、ひと休みを兼ねてどこかに腰を据えて電車を眺めるのもいいですね。

▲窓際席からの眺め。赤いラインの特急ひたち・ときわの奥を東海道新幹線が走っている。ランチは90分制だということを前もって子鉄くんに伝えておこう。

◀東京近郊で採れた野菜を中心にしたお料理がずらりと並ぶ。好きなものを好きなように食べられるビュッフェ形式は、子どもたちも大好きですね!

ACCESS

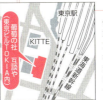

住所●千代田区丸の内2-7-3 東京ビルTOKIA3階
アクセス●山手線、有楽町線ほか・東京駅より徒歩約1分〜5分、JR京葉線・東京駅より直結
営業●ランチ(90分制)11時〜16時(L.O.14時半)、ディナー(120分制)17時半〜23時(L.O.21時)　定休日なし　☎03-3215-7320

→ 新宿駅

ロマンスカーカフェ
（小田急新宿駅構内）

DATA
☑ トイレ
☑ オムツ替えシートのあるトイレ
☑ 駅近
☐ 授乳室

ここから見える車両
▶ 小田急線
▶ ロマンスカー

ロマンスカー伝統のオレンジ色で彩られたロマンスカーを見るための特等席！

　新宿駅の小田急線西口地上改札を入ってすぐ左手にあるオレンジ一色のカフェは、その名も「ロマンスカーカフェ」。目の前は、なんとロマンスカーが発着する線路の行き止まり！　カウンター席に陣取れば、まるでロマンスカーと向き合ってお茶を飲んでいるような気分になれるということで、鉄道ファンの間では名所となっています。LSE、EXE、VSE、MSE……とバリエーション豊かなロマンスカーはどれも素敵！　ぜひ親子で予習をしてから行ってみてくださいね。右手には、急行や準急など小田急線の車両がひっきりなしに出入りしている様子も見えるので、小田急ファンにはたまりません。

　お店を彩るオレンジ色は、ロマンスカー伝統の「バーミリオン・オレンジ」といわれる色。子鉄くんたちが大好きなVSEのラインにも使われている色ですね。店舗デザインはVSEやMSEのデザインを手掛けた「岡部憲明アーキテクチャーネットワーク」によるものだとか。徹底したこだわりが見えますね。

　メニューは店内で焼き上げたパンをはじめ、プリンやアイスクリームなどのデザートもあるので、小さなお子さんと一緒でも気兼ねなく入れそうです。ただ、お店には乗車前に慌ただしくコーヒーを飲んでいくお客さんもたくさんいらっしゃいます。くれぐれも子鉄くんが騒いだり、長居をしすぎたりしないよう、気をつけましょう。

　お天気がよければ、新宿サザンテラスとタカシマヤタイムズスクエアをつなぐイーストデッキや、ミライナタワー2階のテラスにも行ってみましょう。成田エクスプレスやスペーシア、スーパービュー踊り子など人気の特急列車をはじめ、たくさんの電車を見ることができますよ。

▲カフェのカウンター席からの眺め。ロマンスカーはまさに目の前！ じっくりと眺めながら、ロマンスカーの似顔絵を描くのも良さそうです。

◀オレンジ色に統一された外観は、遠くからでも一目でわかる。子連れでの待ち合わせポイントにもぴったり。

ACCESS

住所●新宿区西新宿1-1-3 新宿駅西口地上改札横
アクセス●小田急新宿駅西口地上改札内
営業●6時半〜23時
定休日なし
☎03-5326-8343

→ 恵比寿駅

恵比寿 山半
（恵比寿ガーデンプレイス内）

DATA
☑ トイレ
☑ オムツ替えシートのあるトイレ
☑ 駅近
☑ 授乳室

ここから見える車両：▶山手線 ▶湘南新宿ライン ▶埼京線 ▶りんかい線 ▶成田エクスプレス ▶貨物列車 など

絶品・伊予うどんを堪能しながら眺める成田エクスプレスは最高！

いくつ知っていてもうれしい電車の見えるレストラン。2015年に恵比寿ガーデンプレイス・グラススクエア棟地下1階にオープンしたうどん店「恵比寿 山半」は、間近に電車が見えるとのことで鉄道ファンの間でも話題です。

店内に足を踏み入れると、香ばしい出汁の香りと、窓の外をひっきりなしに行き来する電車の姿が飛び込んできます。山手線、埼京線、湘南新宿ラインなど、その種類はさまざま。子鉄くんのヒーロー・成田エクスプレスもときどき通過するので、ファンの方はぜひ時刻表をチェックして行ってみましょう。私は、たまに遭遇できる貨物列車が楽しみです。

「山半」のうどんは、愛媛県の伊予生まれ。適度なコシの麺と少し甘めの出汁は、老若男女問わず大人気。食材は四国産を中心に厳選したというこだわりで、麺も店内で作られています。看板メニューの「松山名物鍋焼きうどん」（850円税別）は、体の芯から温まります。真冬の電車ウオッチングにぴったりですね。うどんはお持ち帰りもできるとのこと。窓際の特等席は人気があり、週末は行列ができることも。ランチタイムは予約ができないので、時間に余裕をもってお出かけくださいね。

帰りは、恵比寿ガーデンプレイスの地下通路（P102参照）や、恵比寿駅周辺にいくつも架かっている跨線橋からの電車ウオッチングもおすすめ。跨線橋では、お店から見えた電車を、今度は上から眺めることができます。足の下を猛スピードの電車が通り抜けていく瞬間は、大人もつい歓声をあげてしまいますね。お気に入りのウオッチングポイントを探して、ぶらりと歩いてみるのも楽しいひとときです。

▲窓際席からの眺め。かなりの至近距離を電車が走り抜けて行く。人気の成田エクスプレスもこの近さ!

◀電車の見えるテーブルはこれだけなので、ランチタイムを外して行こう。恵比寿三越地下1階には、赤ちゃん休憩室あり。

ACCESS

住所●渋谷区恵比寿4-20-4恵比寿ガーデンプレイス グラススクエア棟B1階
アクセス●山手線・恵比寿駅より恵比寿スカイウォークにて約5分
営業●11時〜23時(L.O.22時半)定休日なし
☎03-5488-6636

48 veiw point → 秋葉原駅

N3331
（マーチエキュート神田万世橋内）

DATA
- ☑ トイレ
- ☑ オムツ替えシートのあるトイレ
- ☑ 駅近
- ☐ 授乳室

ここから見える車両: ▶東北・上越新幹線 ▶山手線 ▶京浜東北線、▶中央線 ▶総武線

> かつての万世橋駅が平成の東京に蘇る
> 東京と"昔"と"今"が交錯するスポット

　1912年、中央線の神田駅〜御茶ノ水駅の間に作られた万世橋駅。1919年に中央線が東京駅に開通するまでは、中央線の起点として賑わいを見せていたそうです。1943年、太平洋戦争激化によって休止駅となった後も、赤レンガの美しい高架橋は大勢の人々を魅了してきました。2006年まで交通博物館（現在大宮にある鉄道博物館の前身）が併設されていたことは、パパママ世代なら記憶にある方も多いのではないでしょうか。その高架橋が素敵な商業施設「マーチエキュート神田万世橋」として生まれ変わったのは2013年のこと。子鉄＆ママ鉄にとっても、昔の東京を知る鉄道ファンにとっても、魅力的なスポットとして、今では秋葉原の街にすっかり定着しています。

　そんな物語の詰まった赤レンガの建物をじっくり眺めたら、子鉄＆ママ鉄の皆さんは、迷わず2階へ。中央線の線路にはさまれたガラス張りのカフェ「N3331」からは、電車内のお客さんの顔が見えるほど！　サンドイッチやカレーなどカジュアルなランチも楽しめます。さまざまなアーティストによる展示やイベントが開催されることも。「2013プラットホーム」と名付けられたカフェの脇の展望スペースは、なんと旧万世橋駅開業時のホームが蘇ったもの。これは、感慨深いですね。西方面には総武線、東方面には東北・上越新幹線、山手線、京浜東北線の姿も見えますよ。

　建物内では万世橋駅開業当時の階段などもそのまま使われています。そこからは、古い東京の記憶を守りつつ、新しい物語を紡いでいこうというメッセージが強く感じられました。できることなら3世代で訪れたいスポットです。

▲新築の建物にはない、独特の存在感を放つ赤レンガの高架橋。ワークショップなどのイベントも随時行われているので、お出かけ前にHPをチェックしよう。

◀びゅんびゅんと走る中央線を左右に見られる絶好のロケーション。メニューはどれも食材にこだわったものばかり。夜はバーとして利用できる。

ACCESS

住所●千代田区神田須田町1-25-4 2階
アクセス●山手線ほか・秋葉原駅、神田駅より徒歩2分〜6分、千代田線・新御茶ノ水駅より徒歩約3分ほか
営業●11時〜23時（L.O.22時半）、日曜・祝日11時〜21時（L.O.20時半）不定休　☎03-5295-2788

 → 下高井戸駅

ピッツェリア トニーノ

ここから見える車両 ▶世田谷線

DATA
- ☑ トイレ
- ☑ オムツ替えシートのあるトイレ
- ☑ 駅近
- ☐ 授乳室

> のんびり世田谷線を眺めながらいただく本格派絶品ピザ！

　駅から近くて、子連れで気兼ねなく入れて、思う存分電車を見られて、しかもおいしい！　世田谷線・下高井戸駅前にあるイタリアンレストラン「Pizzeria TONINO（ピッツェリア トニーノ）」は、まさにそんなレストランです。テラス席に陣取れば、目の前は線路！　色とりどりの世田谷線が次から次へとやってきます。下高井戸駅は世田谷線の始発終着駅なので、通り過ぎた電車はホームに入るとしばらく停まり、折り返してまたやってきます。テラス席からはホームもよく見えるので、「もうすぐ出発かな」「ライトがついたぞ」「踏切が鳴りはじめた」と、子鉄くんは電車が出発する様子に興味津々。いつまでも飽きずに眺めてくれそうです。

　大人にとってうれしいのは、なんといってもピザがおいしいこと！　こちらのお店は2009年に「真のナポリピッツァ協会認定」、2011年に「イタリア商工会議所認定イタリア品質認証」を取得したという本格派。大きな窯で焼くピザの味わいは、目の前を通る世田谷線の存在が一瞬かすんでしまうほど。その上、お店はとても居心地がよく、店長の杉清高さんいわく「お子さまはいつでもウェルカム！」とのこと。これはもう、通いつめてしまいそうですね。

　おなかがいっぱいになったら、公園めぐりをするのもいいですね。松原駅そばの赤松公園、松陰神社前駅そばの世田谷電車のみえる公園、西太子堂駅そばの西太子堂公園など、沿線には公園がたくさんあります。駅間の距離が短く、電車の本数が多いので、気楽に乗り降りできるのも世田谷線の魅力。ぜひお気に入りの公園を見つけてくださいね。

▲テラス席のすぐそばを通る世田谷線。10編成あり、すべて色が異なる。世田谷線ウオッチングで色を覚えた、という子鉄くんも多い。

◀ランチセットは、ピザorパスタにサラダorスープ、コーヒー、デザートがついて1350円(税込み)。味にうるさい地元住民も足繁く通うのも納得のおいしさ！

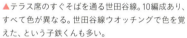

ACCESS

住所●世田谷区松原3-28-10
アクセス●世田谷線、京王線・下高井戸駅より徒歩約1分
営業●ランチ 11時半〜15時 (L.O.14時)※
土曜・日曜・祝日は15時半まで (L.O.14時半)、
ディナー 18時〜23時 (L.O.21時半)
月曜定休 (祝日の場合は翌日)
☎03-3324-3090

50 veiw point → 立川駅

カフェ・ド・クリエ
（グランデュオ立川内）

| ここから見える車両 | ▶中央線　▶青梅線　▶スーパーあずさ
▶あずさ・かいじ　▶多摩モノレール |

DATA
- ☑ トイレ
- ☑ オムツ替えシートのあるトイレ
- ☑ 駅近
- ☑ 授乳室

> ライオンとキリンのイラストがついた
> 多摩モノレールを見つけよう！

　2014年に20周年を迎えたという「カフェ・ド・クリエ」。気軽に入れてほっとひと息つける街角のカフェとして誰もが知っているお店ですが、そのグランデュオ立川店が、実は電車ウオッチングポイントだということは、あまり知られていないかもしれません。

　窓際のカウンター席にすわって見下ろしてみると、目の前は線路、線路！　線路が左右に分かれる分岐点も見えます。なぜか、分岐点を見てテンションが上がってしまう子鉄くん、たくさんいますね（笑）。向かって右側はオレンジラインの青梅線、左側の中央線では同じくオレンジラインの車両に交じって、ときどき特急あずさ・かいじやスーパーあずさがやってきます。ファンの方はたまりませんね。ぜひ時刻表で時間を調べてから行ってみましょう。グランデュオ立川のすぐ近くを横切っていく多摩モノレールも、ここからならよく見えます。全編成のうち、動物のイラストがついた車両が2編成あり、ひとつにはライオン、もうひとつにはキリンのイラストが描かれています。かなりレアな車両なので、見かけたらラッキーですね！

　青梅線、中央線、多摩モノレール、すべて本数が多いので、電車がやってくるのを待つのが苦手なお子さんにもぴったりです。

　お店のメニューには、パスタやサンドイッチのほか、野菜や果物のスムージーなど栄養たっぷりのドリンクもそろっています。ランチタイムから夕方にかけては混雑するので、オープンの10時をねらって出かけてみましょう。

　立川駅は、グランデュオ立川のほかにルミネやエキュートもあり、ショッピングには事欠きません。ママにとってもリフレッシュできる1日になるといいですね！

▲目の前は、オレンジラインの電車が行き来するJRの線路。多摩モノレールは、グランデュオ立川の真下を横切っていく。

◀窓際のカウンターは電車ウオッチングの特等席。晴れた日には、遠く富士山が見えることもあって、清々しい気分に。

ACCESS

住所●立川市柴崎町3-2-1 グランデュオ立川8階
アクセス●中央線、南武線、青梅線、多摩モノレール・立川駅直結
営業●10時〜21時
定休日なし
☎042-521-3586

珈琲館 三ノ輪店

→ 三ノ輪橋停留場

ここから見える車両 ▶ 都電荒川線

DATA
☑ トイレ
☐ オムツ替えシートのあるトイレ
☑ 駅近
☐ 授乳室

> 都電荒川線を目の前に見ながら
> 都電パンケーキを食べるしあわせ！

　大人も子どもも大好きな都電荒川線。その起点となる三ノ輪橋停留場のすぐ脇にあるカフェが、この地で開業して24年目という「珈琲館 三ノ輪店」です。お店に入ってまず目につくのは、電車グッズの販売コーナー。荒川線を中心とした鉄道模型「Bトレインショーティー」シリーズやパズルレール、都電サブレなど、その品ぞろえはなかなかのものです。窓際席に陣取れば、荒川線は目の前！ ちょうど降車ホームになっているので、停車した電車からお客さんが降りてくる様子がよく見えます。お店のドアが開くと、カンカンカン、という踏切の音が飛び込んでくるのも子鉄魂をくすぐりますね。

　人気メニューは、ふんわりと甘いパンケーキに荒川線の車両と線路の焼き印を押した「都電パンケーキ」。くり抜かれた車両は立体感があり、今にも線路を走り出しそう！

　「本当はぐるりと長い線路の焼き印を作りたかったのだけれど、均等に火にかけるのが難しかったので、この長さになりました」と、オーナーの相原芳昌さんが試行錯誤の過程を教えてくれました。メニューには、本格的なコーヒーのほかに、子ども向けのドリンクもそろっています。暑い日も寒い日も、お散歩の途中につい立ち寄ってひと休みしたくなるカフェですね。

　余裕があったら、三ノ輪橋停留場から500mほど東にある南千住駅へ向かってみましょう。南千住駅前の陸橋からは、JR貨物・隅田川駅に出入りする貨物列車を見下ろすことができます。見上げれば、東京メトロ日比谷線の車両の姿も。日比谷線の1番線ホームに上る階段からも貨物列車がよく見えます。こんな穴場を知っているのもうれしいものですよ。

▲窓際席の脇に置かれた都電荒川線9000系と三陸鉄道の模型は、なんとダンボールで作られたものなのだとか。緻密に作られた細部にびっくり。

◀人気のパンケーキは薄めに焼いたものが3枚重なり、生クリームとはちみつ、マーガリンがついてくる。昔ながらのほっこりした味わい。

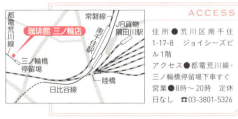

ACCESS

住所●荒川区南千住1-17-8 ジョイシーズビル1階
アクセス●都電荒川線・三ノ輪橋停留場下車すぐ
営業●8時〜20時　定休日なし　☎03-3801-5326

52 ナイアガラ

→ 祐天寺駅

DATA
- ☑ トイレ
- ☐ オムツ替えシートのあるトイレ
- ☑ 駅近
- ☐ 授乳室

ここから見える車両 ▶ なし

→ 電車は見えないけれど、鉄道ムード満載！
鉄道ファンが通う祐天寺の名店

　ここでは少し趣向を変えて"電車は見えないけれど、鉄道ムード満点のカレー屋さん"をご紹介しましょう。鉄道ファンの皆さんはもうピンときましたね。そう、祐天寺の老舗「ナイアガラ」です。

　祐天寺駅から5分ほど歩くと、住宅街の真ん中に突然姿をあらわす踏切警報機。ここが"鉄道×カレー"がうれしい「ナイアガラ」です。ホンモノの列車のドアがお店の入り口に使われているところから、期待感が高まりますね。お店の中に一歩足を踏み入れると、親子ともども歓声をあげてしまうこと間違いなし！　壁には0系新幹線の大きな鼻、座席は古い列車のボックス席。すべてホンモノです。数え切れないほどの鉄道お宝グッズが展示された店内にはミニサイズのレールが敷かれ、小さな機関車がカレーを引っぱって走っています。この光景は、どれだけ見ても見飽きませんね。

　吟味された材料で丁寧に作られたカレーは、どこか懐かしい昭和の味。辛口は特急、甘口は鈍行という呼び方もユニークです。昔の鉄道の制服を着た"乗務員さん"が子どもたちに声をかけてくれるなど、店内には温かい空気が満ちているので子連れでも安心です。

　お店の名物"駅長さん"として親しまれているオーナーの内藤博敏さんは80歳。少年時代は疎開先で鉄道を眺めて東京の父母を恋しく思い、青年時代は料理店で13年間カレーを作り続けたとのこと。「ナイアガラ」は、内藤さんの人生にとって大切なもので成り立っているのですね。内藤さんは毎日お店に立って、日本全国ならぬ世界各国からのお客さんに平和の大切さ、鉄道のすばらしさを伝えています。見かけたらぜひ声をかけてみてくださいね！

▲お店の前で笑顔を見せる"駅長"ことオーナーの内藤博敏さん。店名「ナイアガラ」の由来など、HPにはお店に関する豆知識がたくさん！

◀懐かしい昭和の味、と評される「ナイアガラ」のカレー。国産の材料を使い、小麦粉を2時間炒めるところから手作りしている。

ACCESS

住所●目黒区祐天寺1-21-2
アクセス●東横線・祐天寺駅より徒歩5分
営業●11時〜20時
定休日 月曜・木曜（祝日の場合は翌日）
☎03-3713-2602

お勉強にも、雨の日のお出かけにも！
鉄道博物館リスト

足を延ばすなら……

埼玉　鉄道博物館

おなじみの"てっぱく"こと鉄道博物館。SLのC57を中心に数々の名車両が並ぶ光景は、一度見たら忘れられない。ミニ運転列車など、子ども向けのコーナーもたくさんあるので、親子で楽しめる。2018年夏のリニューアルに向けて2016年夏より各施設が順次閉鎖されるので、お出かけ前に公式HPでチェックしよう。

DATA
さいたま市大宮区大成町3-47
電話● 048-651-0088
www.railway-museum.jp
アクセス● JR大宮駅よりニューシャトル・鉄道博物館（大成）駅下車、徒歩1分
開館● 10時〜18時（入館は17時半まで）
休館日● 毎週火曜日（春休み、夏休みは開館する場合あり）、年末年始
入館料● 大人1000円、小中高生500円、幼児（3歳以上）200円

愛知　リニア・鉄道館　〜夢と想い出のミュージアム〜

2016年3月に開館5周年を迎えたリニア・鉄道館。東海道新幹線を中心に、在来線から超電導リニアまでの展示を通じて、高速鉄道技術の進歩を紹介する。歴代の新幹線や在来線の実物車両が39両も並ぶ様子は圧巻。さまざまなシミュレータや鉄道ジオラマなど、見所満載。

DATA
名古屋市港区金城ふ頭3-2-2
電話● 052-389-6100
http://museum.jr-central.co.jp
アクセス● JR名古屋駅よりあおなみ線・金城ふ頭駅下車、徒歩2分
開館● 10時〜17時半（入館は17時まで）
休館日● 毎週火曜日（祝日の場合は翌日。春休み、GW、夏休みは開館）、年末年始
入館料● 大人1000円、小中高生500円、幼児（3歳以上）200円

京都　京都鉄道博物館

2016年4月にグランドオープンした京都鉄道博物館には、梅小路蒸気機関車館に収蔵・展示されていた20両の蒸気機関車も含め、53両の名車両が展示されている。約30m×10mの巨大な鉄道ジオラマや運転シミュレータも充実。敷地内往復1kmを約10分で走る蒸気機関車に乗れるのも魅力のひとつ。

DATA
京都市下京区観喜寺町
電話● 075-323-7334
www.kyotorailwaymuseum.jp
アクセス● JR京都駅より京都市営バス・梅小路公園前下車、徒歩3分、梅小路公園・京都鉄道博物館前下車すぐ
開館● 10時〜17時半（入館は17時まで）
休館日● 毎週水曜日（祝日、春休み、夏休みは開館）、年末年始
入館料● 大人1200円、大学・高校生1000円、小中学生500円、幼児（3歳以上）200円

子鉄&ママ鉄 COLUMN

東京近郊なら……

東京　地下鉄博物館

「見て、ふれて、動かして」楽しみながら地下鉄の歴史や技術を学べる参加型ミュージアム。地下鉄の歴史コーナーでは、日本初の地下鉄車両に乗ることもできる。アンダーグラウンド3Dシアターでのぞく地下鉄のトンネル工事の様子も興味深い。

DATA
江戸川区東葛西6-3-1
東京メトロ東西線葛西駅高架下
電話● 03-3878-5011
www.chikahaku.jp
アクセス● 東西線・葛西駅下車、徒歩1分
開館● 10時〜17時（入館は16時半まで）
休館日● 毎週月曜日（祝日・振替休日の場合は翌日）、年末年始
入館料● 大人210円、子ども100円（満4歳以上中学生まで）

東京　東武博物館

27年に渡って、東武鉄道の歴史や役割を伝え続けてきた博物館。かつて東武鉄道を走っていた蒸気機関車なども展示されている。東向島駅のホーム下にあたる位置から実際に通過する電車を眺めるウォッチングプロムナードが子どもたちに大人気。

DATA
墨田区東向島4-28-16
電話● 03-3614-8811
www.tobu.co.jp/museum
アクセス● 東武スカイツリーライン・東向島駅となり
開館● 10時〜16時半（入館は16時まで）
休館日● 毎週月曜日（祝日・振替休日の場合は翌日）、年末年始
入館料● 大人200円、子ども100円（4歳以上中学生まで）

東京　京王れーるランド

運転体験、車掌体験など、鉄道の仕組みを学べる施設が充実。プラレールで思い切り遊べるコーナー、"電車目線"で遊べる空間「アスれーるチック」など、小さな子どもたちでも楽しめるのがうれしい。屋外では1回100円のミニ電車が人気。

DATA
日野市程久保3-36-39
電話● 042-593-3526
www.keio-rail-land.jp
アクセス● 京王線・多摩動物公園駅下車すぐ
開館● 9時半〜17時半（入館は17時まで）
休館日● 毎週水曜日（祝日の場合は翌日）、年末年始
入館料● 250円（3歳以上）※有料アトラクションもあり。

神奈川　電車とバスの博物館

2016年2月にリニューアルオープンした電車とバスの博物館。人気の東横線CGシミュレータは自分仕様のモードで楽しめる。キッズシミュレータでは、事前に公式HPでデザインしたオリジナル電車と画面上ですれ違えるのがうれしい。パノラマにも新車投入！

DATA
川崎市宮前区宮崎2-10-12
電話● 044-861-6787
www.tokyu.co.jp/museum-2
アクセス● 東急田園都市線・宮崎台駅直結
開館● 10時〜16時半（入館は16時まで）
休館日● 毎週木曜日（祝日の場合は翌日）、年末年始
入館料● 大人（高校生以上）200円、3歳〜中学生100円

電車に乗って日帰りの旅に出よう!

train watching guide for kids & moms

→ 電車移動がムリなくできるようになってきたら、小さな電車旅へ。憧れの新幹線、特急列車、SL、小さくてかわいいローカル線。「電車に乗れば、自分の足でこんなに遠くまで行けるんだ」という思いは、子鉄くんをスケールの大きな男の子に育ててくれるはず！

埼玉県

秩父鉄道に乗ろう！

INFORMATION

- 上越新幹線　東京駅〜熊谷駅（約38分）大人片道3190円
- SLパレオエクスプレスに乗車するには、乗車券のほかに「SL座席指定券」(720円) または「SL整理券」(510円) が必要。詳細は秩父鉄道のHPで要確認。

> 川下りも、博物館も楽しめる！
> SLパレオエクスプレスに乗って、秩父を満喫しよう

　東京から日帰りで乗りに行ける数少ない蒸気機関車（SL）のひとつが、秩父鉄道を走るSLパレオエクスプレスです。名前の「パレオ」は、かつて秩父地方に生息していた海獣パレオパラドキシアにちなんでいるのだとか。迫力あるSLにぴったりですね！

　東京からSLパレオエクスプレスに乗る場合、乗車は熊谷駅から。SLが入ってくると、ホームは、ボイラーからの熱と興奮する鉄道ファンの熱で、独特の高揚感に包まれます。先頭車両の前で記念写真を撮りたいところですが、SLの入線から発車までは10分ほど。ホームはかなり混雑するので、お子さんが迷子になったり、乗り遅れたりしないように気をつけてくださいね！

　おすすめの下車駅は2つ。長瀞駅では、スリル満点の長瀞ライン下りを楽しめます。船頭さんのユーモアあふれる解説に耳を傾けている間も、急流では波がざぶーん！　笑いの絶えないひとときになりそうです。コースは2種類あるので、秩父鉄道公式HPでチェックしてみましょう。

　終点の三峰口駅には、SLがぐるりと方向転換をする転車台があります。三峰口駅の脇にある駐車場からは、日頃見ることのできないSLの給水作業を見守ることもできますよ。小さな駅ですが、子鉄くんならば、ここだけで十分楽しめそうですね。

　ほかにも海獣パレオパラドキシアの化石が展示されている「埼玉県立自然の博物館」(上長瀞駅)や、埼玉の水源である荒川について学びながら遊べる「埼玉県立川の博物館」(小前田駅または永田駅から予約制バスあり)など、秩父地方には見所がたくさん。くたくたになるまで楽しめそうです。

▲1972年に現役を引退し、しばらく吹上町立吹上小学校に保存されていたC58 363。1988年にSLパレオエクスプレスとして復活し、みんなの人気者に！

◀長瀞ライン下りは、毎年3月上旬〜12月上旬まで営業。受付は9時〜16時頃。☎0494-66-0950　秩父鉄道のHPからも予約可能。

ACCESS

行きは熊谷駅から三峰口駅までSLに乗り、帰りは普通の電車に乗って長瀞で途中下車、という段取りがおすすめ。

千葉県

成田空港に行こう！

INFORMATION
- 京成スカイライナー　日暮里駅〜成田空港駅（約38分）大人片道2470円
- 成田エクスプレス　東京駅〜成田空港駅（約59分）大人片道3020円

行きは京成スカイライナー、帰りは成田エクスプレスというゼイタク！

　京成スカイライナーと成田エクスプレスといえば、両方とも子鉄くんの大好きな車両ですね。現在走っている車両がデビューしたのは、どちらも2009年〜2010年にかけて。ファッションデザイナーの山本寛斎氏がデザインした京成スカイライナー、鉄道デザインで有名なGKインダストリアルがデザインした成田エクスプレス、どちらもルックスは一歩もゆずらず。成田空港からの所要時間は、京成スカイライナーが日暮里〜成田空港駅で約38分、成田エクスプレスが東京駅〜成田空港駅で約59分と、利便性はどちらもばっちり。あらゆる面からみて、よきライバルであるこの2人、あなたはどちらのファンですか？　せっかくだから、ちょっとゼイタクではありますが、1日で両方に乗ってみてはいかがでしょう。行き先はもちろん成田空港です。子鉄くんのお誕生日のお出かけにもぴったりですね。

　行きの京成スカイライナーは、本当にあっという間。興奮しているうちに、成田空港に到着です。空港では、第1ターミナルの展望デッキへ行ってみましょう。ベンチのある広々としたスペースで、大勢の人たちが飛行機を眺めています。子鉄くんの目には、飛行機もきっと魅力的に映ることでしょう。電車ウオッチングならぬ、飛行機ウオッチングのできるレストランもたくさんありますが、子連れなら第1ターミナル中央ビル5階の「不二家レストラン」がおすすめです。

　帰りは、もちろん成田エクスプレス！到着する東京駅のホームで、連結作業を見られたらラッキーですね！

　成田エクスプレス、京成スカイライナー、成田空港、すべてにオムツ替えのできるトイレがあるので、小さなお子さん連れでも安心ですよ。

▲成田エクスプレスほど都内のあちこちで見られないので、レア感のある京成スカイライナー。最高時速160km/hの自信があふれる顔つきがかっこいい！

◀成田空港第1ターミナル展望デッキ（7時～21時開放）。飛行機の発着はいつまで見ていても飽きない。この機会に航空会社の名前を覚えるのも楽しそう。

ACCESS

東京駅を起点にすれば、成田空港までの所要時間は、京成スカイライナーも成田エクスプレスもほとんど変わらない。

55 碓氷峠鉄道文化むらへ行こう！

TRAVEL POINT　群馬県〜長野県

INFORMATION

- SLは乗車券のほかに指定席券が必要（大人520円、子ども260円）。JR東日本主要駅のみどりの窓口などで、乗車日の1カ月前より購入可能。
- 碓氷峠鉄道文化むら　開館：9時〜17時（11〜2月は〜16時半）　定休日：火曜（祝日の場合は翌日）8月は無休　入場料：中学生以上500円、小学生300円、小学生未満無料　☎027-380-4163

> マニアから子鉄＆ママ鉄まで
> みんなを魅了する鉄道パラダイスへ

　この上なくトクベツ感のある列車、SL碓氷で行く碓氷峠鉄道文化むら！　これぞ、本格的な鉄道マニアから子鉄＆ママ鉄まで、大興奮間違いなしのお出かけルートです。
　東京近郊で乗れるSLはいくつかありますが、群馬県の高崎〜横川間を結ぶ信越線のSL碓氷もそのひとつ。黒光りする巨体に圧倒され、動輪の複雑な動きに歓声をあげ、汽笛の音や煙の匂いに感動するのは、大人も子どもも同じ。力強さを感じる乗り心地も新鮮です。横川駅では長時間停車するので、機関士さんたちの作業をじっくり眺められるのもうれしいですね。お子さんが鉄道ファンになったら、ぜひ乗せてあげたいものです。
　横川駅に到着したら目の前に広がるのは、碓氷峠鉄道文化むら。かつて碓氷峠の急勾配を走っていたアプト式電気機関車など、歴史的価値のある車両をゆっくり見学できる魅力的な施設です。芝生が広がる屋外展示場には、目玉がぎょろりとしたタコのような除雪用機関車や、巨大なイカのような操車車など、珍しい車両もズラリ。EF63形電気機関車の本格的なシミュレーターも楽しめます。園内遊覧列車「ポッポさん」や、廃線跡の約2.6kmを走るトロッコ列車も親子に人気。シンボル広場の遊具や、資料館内のジオラマなど、小さな子鉄くんが楽しめそうな場所がたくさんあるのもうれしいところです。
　東京駅から高崎駅間は新幹線で約1時間、高崎駅から横川駅間もSLで約1時間。東京から2時間余りで旅行気分を存分に味わえるなんて、随分おトクです。JR東日本高崎支社のHPでSLの運行日などを調べて、お出かけ計画を練ってみましょう。

▲屋外展示場のまわり、1周約300mを走るミニSL（大人200円、子ども100円）。展示場にはここでしか見られない車両が並ぶ。

◀「シロクイチ」の愛称で親しまれているC6120。SL碓氷のほか、SLみなかみなどでも活躍している。

ACCESS

終点の横川駅で下車したら、碓氷峠鉄道文化むらはすぐ目の前。横川名物「峠の釜めし」も忘れずに！

群馬県〜栃木県

わたらせ渓谷鐵道に乗ろう！

INFORMATION
- りょうもう　浅草駅〜相老駅（約1時間42分）大人片道2020円
- トロッコ列車は、乗車券のほかに整理券が必要（整理券：中学生以上510円、小学生260円）。JR東日本主要駅のみどりの窓口などで購入可能。

さわやかな風を感じるトロッコ列車で渓谷を走り抜けよう！

　群馬県から栃木県にまたがるローカル線といえば、ちょっと懐かしい匂いのするわたらせ渓谷鐵道ですね。トロッコ列車で風を感じたいなら、紅葉シーズンが一番のおすすめです。

　都内から、わたらせ渓谷鐵道に乗りに行くには、東武特急りょうもうで相老駅に出るのがスムーズ（相老駅のトイレにオムツ替えシートあり）。スペーシアと並んで人気のりょうもうに乗れれば、子鉄くんもご機嫌ですね。浅草駅から相老駅までは、約1時間45分。十分、日帰り圏内ですね。

　週末を中心に走るトロッコ列車は、わたらせ渓谷号（11月23日まで運行）とわっしー号（11月8日以降、4月中旬までガラス付きで運行）の2種類。さわやかな風を感じながら渓谷の風景を楽しめれば、心からリフレッシュできそうですね。乗車にに必要な整理券は乗車1カ月前から購入可能です。購入方法や走行日は、わたらせ渓谷鐵道HPで確認しましょう。

　子どもの喜びそうな下車駅は2つ。ひとつ目は駅と温泉が一体化した水沼駅。露天風呂やお食事処もあり、日帰りでも旅行気分が盛り上がりそうです。2つ目は神戸駅。ここでは、古い車両が「列車のレストラン清流」として使われています。2010年に自著『子鉄＆ママ鉄の電車お出かけガイド』の表紙を撮影した懐かしい場所なのですが、その後、車両が東武デラックスロマンスカーの色に塗り直されていて驚きました！　レストラン裏を流れる渓流の浅瀬では魚の姿も見られます。時間をとって川遊びができれば楽しいですね。

　魅力的な駅はほかにもありますが、列車の本数が少ないので要注意。帰りの特急列車の時間から逆算して、途中下車の予定を立てておきましょう。

▲紅葉をバックに走るトロッコ列車わたらせ渓谷号。一度は子鉄くんを乗せてあげたい！

◀神戸駅構内には、古い列車を使った「列車のレストラン清流」が。営業11時〜16時半 4月〜11月は無休、12月〜3月は月曜定休（祝日の場合は翌日）。

ACCESS

相老駅から、「列車のレストラン清流」のある神戸駅までは45分ほど。トロッコ列車に乗れば、あっという間！

57 TRAVEL POINT 神奈川県

箱根に行こう！

INFORMATION

- 箱根で乗りもの三昧を楽しむなら「箱根フリーパス」がおすすめ。さまざまな乗りものが乗り降り自由で、かなりお得。詳細は「箱根ナビ」（www.hakonenavi.jp）にて。
- ロマンスカーの展望席をねらうなら、乗車1カ月前の10時にインターネットまたは電話（小田急お客さまセンター ☎03-3481-0066）、小田急線各駅の窓口にて申し込もう。

> ロマンスカー、登山電車、ケーブルカー、ロープウエイ！
> なんて素敵な乗りもの三昧！！

　箱根といえば、温泉にグルメ？　いえいえ、子鉄＆ママ鉄にとって、箱根への旅といえば"1日で4種類の乗りものを楽しめる旅"ですね。ロマンスカー、登山電車、ケーブルカー、ロープウエイという、まったく違う魅力をもつ4種類の乗りものを満喫できれば、思い出に残る1日になること、間違いありません。ぜひオンシーズンを避けて、のんびり出かけてみてください。

　まずは、みんなが大好きなロマンスカー。これは、行きと帰りで別の車両を選んで予約するのがポイントです。小田急電鉄の時刻表には、車両も明記されているのがうれしいところ。帰り道は疲れた子鉄くんがぐっすり眠ってしまう可能性があるので、VSEやLSEの展望席を予約するのであれば、往路でねらうのが賢い選択です。

　箱根登山電車は、山道を「スイッチバック」という方法でジグザグに登ります。方向転換するたびに、運転士さんと車掌さんが交替するのが面白いですね。

　ケーブルカーは、さらに急勾配を登っていきます。終点の早雲山駅では、ケーブルを巻き取る大きな機械をガラス越しに見ることができますよ。

　そして、最後のロープウエイからは圧巻の眺め！　ふわりと浮かぶ空中散歩に、親子で歓声をあげてしまいそうです。

　途中で遊ぶのなら、「箱根彫刻の森美術館」がおすすめ。とくに、子どもたちが中に入って遊べる「プレイスカルプチャー」は最高！　うっかり夢中になって、帰りのロマンスカーの時間を忘れてしまいそうです。また、途中の乗換駅などには、必ずお土産コーナーがあり、電車グッズもたくさん。あれこれ迷うのも、同じ趣味を持つ親子ならではの楽しい時間ですね。

▲マニアにも人気の箱根登山電車108号。2008年に小田急電鉄創業120周年記念として、ロマンスカーSEの塗装を模した「金太郎塗装」に。

▶1995年にデビューした、スイス生まれのケーブルカー。2両編成で、車内が傾斜に合わせた階段状になっているのが面白い。
（写真提供：箱根登山鉄道（株））

ACCESS

お土産屋さんでのんびりしすぎて予定が狂わないよう、事前に乗り換え時刻をしっかり調べていきましょう。

58 TRAVEL POINT　山梨県

富士急行線に乗ろう！

INFORMATION
- スーパーあずさ　新宿駅〜大月駅（約55分）大人片道2250円（自由席）
- 下吉田ブルートレインテラス　開放時間：10時〜16時　定休日：毎月第1月曜（祝日の場合は翌日）　入場料：大人・子ども100円

フジサン特急にトーマスランド号 乗るだけでもビッグイベント！

　抜群にユニークな車両が何種類も走っている富士急行線。お出かけシーズンがやってきたら、ぜひ日帰りで乗りに行ってみましょう！

　新宿から特急で約1時間の山梨県・大月駅から河口湖駅まで走っているのが、富士急行線です。でも、今回の目的地は河口湖ではありませんね。電車が大好きな子鉄くんにとっては、電車に乗ること自体がビッグイベントです。

　富士急行線の人気者はなんといってもフジサン特急。キャラクター総選挙で1位に輝いた「エコフジ」や鼻水を垂らした「ダメフジ」など、ユニークなフジサンキャラのイラストがずらりと並ぶフジサン特急は、一度見たら忘れられない衝撃度。眺めのよい展望車両も人気です。

　トーマスファンには、外装にも内装にもトーマスや仲間たちがいっぱいのトーマスランド号がおすすめ。トーマスチェアやパーシーチェア、運転士さん気分を味わえるキッズ運転席まであり、子鉄くんにはたまりません。

　ママ鉄の皆さんは、2016年春にデビューした富士山ビュー特急に惹かれるかもしれません。人気の水戸岡鋭治さんデザインのこちらの車両は、電車というより、ホテルのような佇まい。時間を忘れてうっとりと過ごしてしまいそう。

　途中下車するなら、おすすめは下吉田駅（フジサン特急、富士山ビュー特急は停まりません）。ここには、ブルートレインを常設展示する「下吉田ブルートレインテラス」があります。土休日は車内を公開しており、中に入って実際に寝台に触れられるのは貴重な機会。ブルートレインのそばにはテーブルが並んでいて、休憩にもぴったりです。盛りだくさんな富士急行線の旅には子鉄くんたちもきっと大満足。東京への帰途は、ぐっすり夢の中ですね。

▲これがウワサのフジサン特急！ 1号車の展望車両に乗るには乗車券+特急券+指定席券が必要。インターネットでも予約できる。2号車にはトイレあり。(写真提供：富士急行(株))

◀ブルートレインや寝台特急北陸のラストランで最後尾を務めた「スハネフ14 20」。すぐそばには、カフェ「下吉田倶楽部」もある。

ACCESS

大月駅からは「山梨県立リニア見学センター」へのバスが出ているので、この機会に訪れてみるのもおすすめ。

TRAVEL POINT　茨城県〜栃木県

真岡鐵道に乗ろう！

INFORMATION

- 東北新幹線　東京駅〜小山駅（約40分）、JR水戸線　小山駅〜下館駅　（約25分）大人片道3710円
- 真岡市情報センター　開館：10時〜19時　定休日：火曜（祝日の場合は翌日）　☎0285-83-8881
- SLキューロク館　開館：10時〜18時　定休日：火曜（祝日の場合は翌日）入館無料　☎0285-83-9600

> SLに乗って向かう先は、
> お楽しみが詰まった真岡駅！

　蒸気機関車（SL）と途中下車した駅を丸ごと楽しめるのは、茨城県から栃木県にかけて走る真岡鐵道です。行って帰ってくるだけで、満足できること間違いなし！　私も大好きなお出かけルートです。

　年間を通して週末を中心に下館駅〜茂木駅間を1日1往復するのは、SL真岡のC11とC12。停車中に機関士さんの作業をじっくり眺めたり、釜から伝わってくる熱や汽笛の音に驚いたり、五感すべてでSLを味わえるのは貴重な体験です。

　途中下車におすすめなのは、駅だけで十分に楽しめる真岡駅。駅舎を兼ねたSL形の建物は「真岡市情報センター」です。子鉄くんと一緒なら、キッズコーナーのある4階へ。プラレールやNゲージ、ミニSLなど、その充実度は驚くほど。テラスからは、駅を出入りする電車を見下ろすこともできます。

　駅舎の南側にある、もうひとつのSL形の建物は「SLキューロク館」。その名の通りSL9600形が展示されています。週末と祝日のみ1日3回（10時半、12時、14時半）、汽笛を鳴らしながら圧縮空気で車輪が回転する様子を見学できるというお楽しみも。体験乗車も可能です。隣にはSL D51形も並んでいますよ。

　線路をはさんで反対側には、機関車や貨車など古い車両がずらりと展示されています。車両内には入れませんが、実際に触れてみれば、その迫力に大人も興奮してしまいそうです。

　真岡駅を堪能したら、下館までの帰路はモオカ14形気動車に乗るのもいいですね。グリーンの市松模様に赤い革を縫い合わせたようなデザインは、バッグをイメージしているのだとか。一度見たら忘れられません。楽しさ盛りだくさんの真岡鐵道の旅、時間を忘れるひとときになりそうですね。

▶昭和7年から昭和22年にかけて300両も製造されたというC12型。NHK連続テレビ小説「すずらん」にも登場した。

▼真岡駅に建つ「真岡市情報センター」。建物自体がSLの形になっている。この4階は間違いなく子鉄くんのお気に入りになるはず。

ACCESS

下館駅〜真岡駅までは約25分。のどかな景色の中を走るのは、ローカル線ならではの楽しみ。

TRAVEL POINT　千葉県

いすみ鉄道＆小湊鐵道に乗ろう！

INFORMATION
- わかしお　東京駅〜大原駅（約1時間17分）大人片道2590円
- いすみ鉄道1日フリー乗車券あり（乗車当日に限り乗り降り自由。大人1000円、子ども500円）

子育ての日々に疲れたら、乗りに行こう ローカル線が紡ぐ親子の時間

「ここには、何もないがあります」というキャッチコピーがきらりと光るのは、房総半島を走るいすみ鉄道。このいすみ鉄道、そしてそこから続く小湊鐵道沿線には、本当に何もありません。そのかわり、誰にもじゃまされずに親子で語り合える時間があふれんばかりにあります。慌ただしい子育ての日々に疲れたとき、親子関係に躓いたとき、「ちょっと乗りに行こうか？」というのは、子鉄＆ママ鉄ならではの合い言葉かもしれませんね。

東京駅から出発して、いすみ鉄道＆小湊鐵道に乗るなら、特急わかしおで房総半島を横切って外房の大原駅へ。ここからいすみ鉄道に乗り、終点の上総中野駅で小湊鐵道に乗り継いで内房の五井駅まで戻ってくるルートがベストです。

いすみ鉄道を走るのは、ディーゼルエンジンで走る気動車。1〜2両で走るこぢんまりとした姿、電車とはちょっと違うエンジン音、そのノスタルジックな佇まいのなんとかわいらしいこと！　黄色い車両の外観や窓にあしらわれたムーミンのキャラクターも、子どもたちのお気に入りになりそうですね。

途中下車するなら、大多喜駅がおすすめです。駅のそばにある「房総中央鉄道館」は、浅野博之館長ご自慢の鉄道模型がジオラマを走る博物館。個人経営ながら、マニア垂涎のお宝もたくさんあるのだとか。大多喜駅構内にはいすみ鉄道のグッズショップもあるので、ぜひ立ち寄ってみてください。

いすみ鉄道の大原駅から小湊鐵道の五井駅まで、乗車時間は合わせて約2時間半ほど。車窓からの眺めは、どこまでも続く田園風景とひなびた無人駅だけ。何もないからこそ生まれる豊かな時間が、この小さな旅の何よりの魅力です。

▶3月中旬〜4月中旬は、沿線の菜の花が見ごろ。いすみ鉄道のHPでは、見所マップも掲載されているので、春先にお出かけするときはぜひ参考に。

▼約1000点のお宝が常設展示されている「房総中央鉄道館」。開館：土日祝のみの10時〜15時半　入館料：大人200円、子ども100円　☎0470-82-5521

ACCESS

大原駅〜デンタルサポート大多喜駅は約30分。大原駅のお土産売り場には、いすみ鉄道グッズもたくさん。

 千葉県

銚子電鉄に乗ろう！

INFORMATION
- 特急しおさい　東京駅〜銚子駅（約1時間57分）大人片道3610円
- 1日乗車券「弧廻（こわまり）手形」（大人700円、子ども350円。銚子から外川までの間で乗り降り自由。ぬれ煎餅1枚など様々な特典がついている）

> ミニ機関車デキ3、ぬれ煎餅、青い海！
> 銚子電鉄の魅力を1日で味わいつくそう！

　関東の最東端を6.4kmだけ走る小さなローカル線、銚子電鉄。かつて、経営危機に陥った際には、職員の方が「ぬれ煎餅を買ってください。電車修理代を稼がなくちゃいけないんです」とHPに書き込んだのを見て、大勢のファンがぬれ煎餅で銚子電鉄を支えた、という伝説が語り継がれています。みんなに愛される銚子電鉄、その魅力を探りに行ってみましょう！

　東京駅から銚子駅までは特急しおさいで約2時間。下車ホームの端にくっついているのが銚子電鉄のホームです。最初の目的地は1駅目の仲ノ町駅。ここは銚子電鉄唯一の車両基地です。目玉は1922年にドイツで製造された日本最小の電気機関車デキ3。山口県沖ノ山炭鉱で活躍したあと、1941年に銚子電鉄に入線し、1985年まで働きました。銚子電鉄のマスコット的な存在というだけあって、なんともかわいらしく魅力的！

ほかにも、赤に白帯という丸の内線カラーのデハ1002など、その日によって様々な車両がこの車両基地でひとやすみしています。2016年の春にデビューした澪つくしカラーの3000形にも会えたらラッキーですね。仲ノ町駅のレトロな駅舎も一見の価値ありです。

　車両基地を堪能したら、次は犬吠駅へ。駅から徒歩5分の犬吠埼マリンパークへ行ってみましょう。水族館やレストランのほか、迫力満点のイルカショーも楽しめます。犬吠埼灯台下の岩場に下りて小さな生き物たちと戯れるのも楽しいひとときですね。

　ほかにも日帰り温泉、醤油工場見学、イルカ・クジラウオッチング、銚子半島周遊クルーズ……など沿線にはおすすめのレジャーがたくさん。じっくり計画を練ってお出かけください。

▶全長4.4mという日本で最も小さい電気機関車デキ3。このかわいらしい姿を一目見ようとやってくるお客さんも多い。(写真提供:銚子電鉄(株))

▼イルカショーが人気の犬吠埼マリンパーク。営業:9時〜17時(11月〜2月は〜16時半)定休日なし 入場料:中学生以上1300円、小学生640円、3才以上430円 ☎0479-24-0451

ACCESS

銚子駅〜犬吠駅までは約17分。こじんまりしてレトロな雰囲気が漂う終点の外川駅も、一見の価値あり。

神奈川県

湘南モノレール＆江ノ電に乗ろう！

INFORMATION

- Café 610　住所：藤沢市片瀬海岸1-3-20　営業：11時半〜19時　定休日：木曜　☎0466-23-1200
- 江ノ電1日乗車券「のりおりくん」（大人600円、子ども300円。当日に限り乗り降り自由。沿線にある飲食店の割引特典なども付いている）

> 夏休みの親子旅におすすめ
> 電車も海も満喫しよう！

　東京からもっとも近くで旅行気分を味わえる路線、といえばみんなが大好きな江ノ電ですね。都内から江ノ電に乗りに行くなら、せっかくなので大船駅と湘南江の島駅を結ぶ湘南モノレールも併せて楽しみましょう。湘南モノレールはぶら下がって走るので足元に線路がありません。その不安定感と予想以上のスピードは、まるで遊園地のアトラクションのよう！　約15分の短い路線ですが、予想以上に盛り上がりますよ。

　湘南江の島駅で湘南モノレールを降りて、江ノ電の江ノ島駅に向かう途中に見えるのが「Café 610」。江ノ電を見下ろせる2階は子連れでくつろぐのにぴったり。子どもの喜びそうなメニューもそろっているので、ぜひ立ち寄ってみてくださいね。

　さあ、ここから先は気の向くままに江ノ電とその沿線を楽しみましょう。江の島散策や新江ノ島水族館など定番観光スポットのほか、子鉄くんなら極楽寺駅そばの検車区もおすすめ。時間帯によっては車両がお留守のこともあるので、通過時に車内から眺めてみて、車両が止まっているようなら下車してみましょう（検車区内には入れません）。由比ヶ浜駅から徒歩10分ほどの鎌倉海浜公園由比ガ浜地区もいいですね。保存されている江ノ電100形車両（愛称・タンコロ）の中に入って遊ぶこともできます（9時〜16時）。

　江ノ電といえば、ノスタルジックなグリーン×クリーム色が定番。同じ配色でも形は色々とあるので、よく観察してみましょう。ネイビー×イエローで、オリエント急行を思い起こさせる気品にあふれた「レトロ車両」も人気です。こちらは1編成しかないので、会えたらラッキーですね！

▲ブルーリボン賞を受賞している江ノ電1000形車両。ドラマや映画でもたびたび登場するこの場所は、江ノ電の撮影名所として知られる鎌倉高校前駅のそば。

◀湘南モノレール5000系。湘南モノレールのHPには、新しい車両を搬入・据え付けする際の様子も細かく紹介されていて興味深い。

ACCESS

湘南モノレールと江ノ電の間の移動は、徒歩2分ほど。まずはそのまま江の島に遊びに行くのもいいですね。

おわりに

2009年に『子鉄&ママ鉄の電車ウオッチングガイド』を出版したとき
6歳と3歳だった2人の息子たちは、12歳と9歳になりました。
2人ともすっかり脱鉄(=電車を卒業)し、
いまはそれぞれスポーツに夢中です。

『子鉄&ママ鉄の電車ウオッチングガイド』のあとがきに
「親子で手をつないで電車を眺めた時間が、
巣立っていく子どもたちのパワーの源へ、
そして親子の絆へとつながっていくように」
と書きました。
今、大きくなった息子たちを見ていると、
あの頃、親子で熱に浮かされたように電車を追いかけた時間は、
たしかに彼らのパワーの源となって、
その胸の中に生きているんだな、と感じることがあります。
これから突入する思春期に、何が起きるのかはわかりませんが、
子鉄&ママ鉄として過ごした日々は、私にとっても揺るぎないベースとなりました。
無駄なことなど、なにひとつないのが子育てなのかもしれません。

子育て真っ最中のママたちが、かけがえのない今を楽しむために、
このガイドブックが少しでもお役に立てれば、この上なくうれしく思います。

1冊目の編集当時からいろいろなことを教えてくださった"パパ鉄"カメラマン工藤裕之さん、
4年半に渡る連載を支えてくださった読売新聞社の頼もしい記者さんたち、
気持ちのよいおつきあいをしてくださったプレジデント社の編集者中嶋愛さんと、
デザイナーの長谷部貴志さん、
いつも応援してくれるたくさんの友人と家族に、心から感謝します。

2016年7月

棚澤明子

著者 | 棚澤明子 ○ たなざわ・あきこ

1973年神奈川県生まれ。2人の男の子（現在中1、小4）の母。映画配給会社勤務などを経て、フリーライターに。2006年、長男が"子鉄"となったのをきっかけに鉄道の面白さに目覚める。2009年7月に『子鉄＆ママ鉄の電車ウオッチングガイド（東京版）』、2011年3月に『子鉄＆ママ鉄の電車お出かけガイド（関東版）』（ともに枻出版社）を出版。"ママ鉄"というネーミングの生みの親としてメディアで話題に。2012年1月より、読売新聞（都内版）にて「ママ鉄の電車ウオッチ」を連載（現在継続中）。近著に「福島のお母さん、聞かせて、その小さな声を」（彩流社）。趣味は親子登山。

＊本書の内容は、読売新聞（都内版）に2012年1月から連載中の「ママ鉄の電車ウオッチ」に加筆修正したものです。

読売新聞社 写真提供：P13、17、19、53

子鉄＆ママ鉄の
電車を見よう！電車に乗ろう！〈首都圏版〉

2016年8月13日　第1刷発行

著者　　　　棚澤明子
発行者　　　長坂嘉昭
発行所　　　株式会社プレジデント社
　　　　　　〒102-8641　東京都千代田区平河町2-16-1
　　　　　　電話：編集（03）3237-3732
　　　　　　　　　販売（03）3237-3731
デザイン　　長谷部貴志　根岸郁乃（長谷部デザイン室）
イラストレーション　　林ユミ
写真　　　　工藤裕之
印刷・製本　凸版印刷株式会社
販売　　　　桂木栄一　高橋徹　川井田美景　森田巌　遠藤真知子　塩島廣貴　末島秀樹

©2016 Akiko Tanazawa
ISBN978-4-8334-2185-0　Printed in Japan